José Emilio Pacheco
SELECTED POEMS

By José Emilio Pacheco

BATTLES IN THE DESERT & OTHER STORIES
Translated by Katherine Silver

SELECTED POEMS
Edited by George McWhirter

José Emilio Pacheco

SELECTED POEMS

Edited by George McWhirter
in collaboration with the author

Translations by Thomas Hoeksema, George McWhirter,
Alastair Reid, and Linda Scheer; additional contributions
by Edward Dorn and Gordon Brotherston, Katherine Silver,
and Elizabeth Umlas

A NEW DIRECTIONS BOOK

ACKNOWLEDGMENTS

The Spanish texts in this volume are reprinted from José Emilio Pacheco's collections *Tarde o temprano* (D. R. © 1980, Fondo de Cultura Económica) and *Los trabajos del mar* (D. R. © 1983, Ediciones Era, S.A.).

Some of the translations in this book first appeared in *Chelsea, Labrys, The Malahat Review,* and *Poetry Canada Review.*

Grateful acknowledgment is given to the translators and their publishers for permission to reprint previously published material:

Edward Dorn and Gordon Brotherston. Excerpts from *Tree Between Two Walls* (Copyright © 1969 by Black Sparrow Press).

Thomas Hoeksema. Excerpts from *Signals from the Flames* (Copyright © 1980 by Latin American Literary Review Press).

George McWhirter. "Vainglory or Praise in One's Own Mouth," from *VOLVOX,* edited by Michael Yates (Copyright © 1971 by the Sono Nis Press).

Alastair Reid. *Don't Ask Me How the Time Goes By* (Copyright © 1978 by Columbia University Press).

Manufactured in the United States of America
First published clothbound and as New Directions Paperbook 638 in 1987
Published simultaneously in Canada by Penguin Books Canada Limited

Library of Congress Cataloging-in-Publication Data
Pacheco, José Emilio.
    Selected poems.
    (A New Directions Book)
    Bibliography: p.
    Includes indexes.
    1. Pacheco, José Emilio—Translations, English.
I. McWhirter, George. II. Hoeksema, Thomas. III. Dorn, Edward. IV. Title.
PQ7298.26.A25A27   1987b   861   86–31075
ISBN 978-0-8112-1022-5

New Directions Books are published for James Laughlin
by New Directions Publishing Corporation,
80 Eighth Avenue, New York, New York 10011

SECOND PRINTING

CONTENTS

FOREWORD

José Emilio Pacheco was born in Mexico City on June 30 of that cataclysmic year, 1939. His talent was recognized early, and while still in his twenties he was already keeping company with the great Spanish-speaking poets of Latin America. North American audiences were introduced to his work in such seminal anthologies as *Latin American Writing Today* (Penguin, 1967), edited by J. M. Cohen, *New Poetry of Mexico* (Dutton, 1970), edited by Octavio Paz, Mark Strand, and others, and *The Penguin Book of Latin American Verse* (1971), edited by Enrique Caracciolo-Trejo.

Pacheco is a prolific perfectionist. Seven books of his poetry have been published and recently reissued in revised form by Ediciones Era: *Los elementos de la noche* (Universidad National Autónoma de México, 1963); *El reposo del fuego* (Letras Mexicanas, Fondo de Cultura Económica, 1966); *No me preguntes como pasa el tiempo* (Joaquin Mortíz, 1969); *Irás y no volverás* (Letras Mexicanas, Fondo de Cultura Económica, 1973); *Islas a la deriva* (Siglo XXI Editores, 1976); *Desde entonces* (Biblioteca Era, 1980); *Trabajos del mar* (Biblioteca Era, 1983).

Revisions and selections have been published in Spain (*Alta traición*, Alianza Editorial, Madrid, 1985); in Venezuela (*Ayer es nunca jamás*, Monte Avila Ediciones, Caracas, 1978), and Mexico (*Fin de siglo*, Secretaria de Educación Publica, Lecturas Mexicanas Series No. 44, 1984; *Album de zoologia*, Cuatro Menguante Editores, Guadalajara, 1986). The revised versions used in the majority of the translations here are taken from *Tarde o temprano*, "Collected Poems 1958–1980" (Fondo de Cultura Económica, 1980 and 1985) and the texts reissued by Ediciones Era.

A short selection of José Emilio Pacheco's poetry, *Signals from the Flames*, was translated by Thomas Hoeksema and published by the Latin American Literary Review Press in 1980. Alastair Reid's translation, *Don't Ask Me How the Time Goes By*, of Pacheco's National Poetry Prize-winning book *No me preguntes como pasa el tiempo*, was published by Columbia University Press in 1978. A chapbook version of "Árbol entre dos muros"—*Tree Between Two Walls*, translated by

Edward Dorn and Gordon Brotherston—appeared from Black Sparrow Press in 1969.

In his singularity of vision and multiplicity of poetic forms, traditional and modern, José Emilio Pacheco spans past and present in both Latin American and peninsular Spanish poetry. It is a glittering and giant technical achievement, as brilliant and instantly visible as Hart Crane's *The Bridge*. The clarity of his vision at times becomes that of the soothsayer: *El reposo del fuego*, his second book, which was written over twenty years ago, predicts the 1985 catastrophic earthquake in Mexico City, and in the very first lines of the booklength poem the brutal chords of prophecy are struck—"Nothing alters the disaster: the wealth / of hot blood transfuses the air with its grief." Thereafter Pacheco traces the inner and outer tremors that disintegrate the poet and his city.

José Emilio Pacheco still lives in the "quaking capital," but writes frequently and powerfully of the sea at Veracruz, where he spent a large part of his childhood. This sense of the ocean breaking inland makes his poetry unique, and his anxiety, or terrible glory, is created by this sense of himself at the center of the seismic forces of earth and water. Pacheco is a fish as odd and amphibious as the axolotl. His habitual lucidity sees through all the mud and upset at the bottom of our modern times, and those turmoils of modern literary alliances and iconoclasms.

Octavio Paz referred to José Emilio Pacheco's pursuit of perfection in his introduction to *New Poetry of Mexico*. Pacheco is also known as the determined guardian of the tradition generated by Quevedo, Jorge Manrique, and the great Spanish poets, then continued by Francisco de Terrazas, Sor Juana Inés de la Cruz, and rejuvenated by Velarde and Paz—and the brilliant innovative daring of the Mexican and Latin American poets. In this collection the reader will find sparkling revisions of many of Pacheco's early poems, proving that he has achieved the vital mastery of form, expression, and force that the heart, lungs, and intelligence of the true singer can fit with bell-like clarity to the largest or smallest notes. Sometimes these come tolling in from the sea, sometimes from the steeples shaken by the quaking of the earth itself, but always they tell of time and the losses in the hours as they pass.

These translations, and selections, have aimed at more than a transliteration. It is hoped that the versions by the various translators have achieved their own rhythm, and that the awkward loyalty to a word-by-

word match has been surpassed by a greater faithfulness to the power and effect of an image, the timing and turning of a phrase until the total sense of the line and the poem falls into place.

Where possible the rhymed forms have been translated or approximated. In every case the discipline of José Emilio Pacheco's own craft and clarity has created a model for the translators, and I would like to thank him for his collaboration on the final selections and revisions of poems and translations. I would also like to thank Michael Bullock, Marion Coope, and Jacob Zilber for their help and suggestions, and the other translators in this volume who have helped establish José Emilio Pacheco's reputation.

George McWhirter

José Emilio Pacheco
SELECTED POEMS

LOS ELEMENTOS DE LA NOCHE
[1958–1962]

Para Ana María y Ramón Xirau

si les mots n'étaient que signes
timbres-postes sur les choses
qu'est-ce qu'il resterait
poussière
gestes
temps perdu
il n'y aurait ni joie ni peine
par ce monde farfelu
Tristan Tzara

Los elementos de la noche

Bajo el mínimo imperio que el verano ha roído
se derrumban los días, la fe, las previsiones.
En el último valle
la destrucción se sacia
en ciudades vencidas que la ceniza afrenta.

La lluvia extingue
el bosque iluminado por el relámpago.
La noche deja su veneno.
Las palabras se rompen contra el aire.

Nada se restituye, nada otorga
el verdor a los campos calcinados.

Ni el agua en su destierro
sucederá a la fuente
ni los huesos del águila
volverán por sus alas.

THE ELEMENTS OF THE NIGHT
[1958–1962]

For Ana María and Ramón Xirau

> if words were only signs
> the postage-stamps on things
> what would be left behind
> but gestures
> dust
> old times long gone
> there would be neither joy nor sorrow
> in this fey world of ours
>
> Tristan Tzara

The elements of the night

Beneath this small, dry empire summer has whittled down,
faith lies toppled—all those tall, farsighted days.
In the last valley
destructiveness is glutted
on conquered cities, affronted by the ash.

Rain extinguishes
the woodland lit by lightning.
Night passes on its venom.
Words crack against the air.

Nothing is restored, nothing gives back
that glowing green to the scorched fields.

Neither will the water, in its exile
from the fountain, succeed its own sweet
rise, nor the bones of the eagle fly
through its wings again.   [G.McW.]

Jardín de arena

Cuando la lluvia eterna se detiene en el río
—minuciosa, veloz, hecha de mil pronombres—
se levantan las horas como las llamas.

Ven a la costa en donde nace el mar,
a este jardín que pastorean las olas,
a este alba iluminada por la espuma.

El mundo es todo para ti.
Tú eres el mundo.
Eres el agua, eres el sol, la tierra
y el viento que la sigue como una sombra.

Mar que amanece

Navegando en el alba
el gran mar solo
incendia lo que toca.
Pero la espuma
alza su sed de nube,
da raíces
al camino del río
y en la arena
duerme como las barcas:
ciega mirada con que el mar descubre
el final de su cuerpo.

Así el mar amanece,
gloria que se propaga, cotidiano
nacimiento del mundo.

(El otro mar,
nocturno
bajo la sal
ha muerto.)

Sand garden

When the eternal rains are halted in the river—
minuscule and swift, shod with a thousand pronouns—
the hours rear up like flames.

Come to the coast then, where the sea grows,
this garden ploughed by waves,
this spray-lit daybreak.

The world is all for you.
You are that world.
You are water, you are the sun, the earth
and the wind, trailing behind it like a shadow.   [G.McW.]

The dawning of the sea

Sailing in on the daybreak
the great sea alone
lights up all it touches.
But the foam
sets off a cloud of thirst,
gives roots
to the riverway
and dozes like the barges
on the sand:
blind look with which the sea discovers
its body's end.

So the sea dawns,
glory propagated, daily
birth of the world.

(The other sea,
nocturnal,
beneath the salt
has died.)   [G.McW.]

Casida

Alrededor del alba
despiertan las campanas
sonoro temporal que se difunde
y suena
en las últimas bóvedas
de la noche, en el aire
que la luz ha pulido
con su árida resaca.
Dulce motín, paloma de un instante,
ave que zarpa en llamas y regresa.
Milagro, día deshecho
que recoge el silencio.

Canción para escribirse en una ola

Ante la soledad se extienden días quemados.
En las olas del tiempo el mar se agolpa
y proyecta sus horas
en el óxido muerto,
se disuelve en la playa
donde forma el cangrejo
húmedas galerías que la marea destruye.

El mar tiene palabras que se mezclan y estallan
cuando la tierra escucha
su canción repetida
en piedra, ola tras hora.
Un caracol eterno son el mar y su nombre.
En su cuerpo varado
encalla toda noche.

El mar, espejo roto
de la luna desierta.

Árbol entre dos muros

Sitiado entre dos noches
pozos de agua que espera

Kasida

At dawn
the bells awake,
sonorous storm spreading
and sounding
in the last vaults
of the night, in air
light has polished
with its arid undertow.
Sweet mutiny, dove of an instant,
bird that sails and returns in flames.
Miracle: day breaking,
gathering in the silence again.   [T.H.]

A song to write on a wave

Scorched days stretch across the emptiness.
In the waves of time the sea chimes
and strikes its hours ahead
to rust and die away;
it sizzles into sands
where the crab carves out
wet galleries the tide comes caving-in.

The sea has words that mingle, and crackle
through when the earth listens in
to its song, repeated across the stones,
waves upon showers of hours.
An eternal sea shell are the ocean and its name.
Across its stranded body
all the nights wash up.

Sea: broken mirror
to the deserted moon.   [G.McW.]

Tree between two walls

Beseiged between two nights,
black wells of waiting water,

el día nace, gira sobre su aire y su memoria,
alza su espada de claridad:
mar de luz que se levanta afilándose,
vaso en que vibra el resplandor del mundo,
selva que aísla del reloj al minuto.

Mientras avanza el día se devora.
Y cuando llega ante las rojas puertas,
frontera en donde acaba toda permanencia,
muestra la noche su luz, su don, su llama,
brusco río que toma alas
y derriba a los ojos de sus reinos hipnóticos.

El día impenetrable y hueco
empieza a calcinarse.
Dejo caer tu nombre: haz de letras impávidas.
Y de tu nombre surgen la luna y su claro linaje,
como isla que brota y se destruye
o una moneda que escondí en el aire.

Todo es claro, amor mío.
Todo es el huracán, el viento en fuga.
Todo nos interroga y recrimina.
Pero nada responde.
Nada persiste contra el fluir del día.
El sol se desvincula y ya no late
y es un clamor desierto.

Atrás el tiempo lucha contra el cielo,
contra el sol que no muere al apagarse:
arpa en que el aire tañe su desgaste,
la señal devorada por el musgo y el agua;
el gran árbol fluyendo
sobre la veta móvil de su savia;
el muro de tinieblas
donde abandona el mundo nuestro nombre enlazado;
el final de la hoguera
en que el fuego de bruces devora su rescoldo.

Pero es invulnerable.
Porque todo termina al centro de la noche.

day is born; whirling in the air, and in the memory
it lifts up its sword of clarity:
light's sea, sharpening as it rises,
a great glass wherein the whole world trembles and shines;
green wood that maroons the minute on the clock.

Advancing, day wears itself away.
And when it reaches the red gates,
that frontier where all permanence ends,
night preens on its fluorescence, its one great gift,
its glare: harsh river that takes wing
beating out the hypnotic kingdoms in the eyes.

There, where the impenetrable and hollow day
begins to rise, I let fall your name:
a sheaf of letters, like the sound of a wild river.
And from your name the moon and its splendid lineage rise;
an island which flares and is consumed
or a coin I hid in air.

Everything is clear, my love.
Everything is the whirlwind and the fleeing wind.
Everything questions and accuses us.
But nothing answers,
nothing rises against the journey of the day.
The sun is unwound and no longer pulses
and is a cry in the desert.   [E.D. & G.B.]

Across the ages and the sky it strains,
against this sun that never dies when it goes down:
a harp string on which the air strums slow erosions;
sign sunk under moss and water;
great tree flowing
through the mobile vein of its sap;
twilight wall where the world lets go our names
entwined;
hearth floor
where fire face down feeds on its own embers.

But it is unbreachable.
Because all ceases at the center of the night.

Porque todo se extingue,
dura lo que el relámpago.
Y tú eres la arboleda
en que el trueno sepulta su rezongo.

Tarde enemiga

La música, el oleaje de los frágiles sueños,
el epitafio de la tarde, el hosco
acontecer de algún milagro herido,
se vuelven instrumentos del domingo culpable.

Puedo afirmar que vivo
porque he aprendido el límite del aire,
el fugaz desenlace del deshielo.
Porque hoy el mundo amaneció de cobre
y era su advenimiento
la multitud del término.

Sobre la paz de este final
de este río que prosigue para aumentar su muerte,
cada hora es el cadáver de otra hora abolida.

Alejado de todo resplandor
este día fluye hacia ninguna parte.
Entre la tarde y sus minutos nómadas
el tiempo abre las alas
con mansedumbre y odio de paloma y pantera.

¿Como atajar la sombra que nos hiere y nos cava
si nada permanece,
si todo nos fue dado
como tributo o dualidad del polvo?

Estancias

Una paloma gris que se deshace
pule en el aire su desnudo vuelo.
En ese instante de la luz que nace
brilla perfecto el desmedido cielo:
nube y paloma que en su vago enlace

Because everything is extinguished, light
lasts only as long as the lightning flash.
And you are that grove
where thunder buries its grumbling.   [G.McW.]

Late evening enemy

The music, the surge of fragile dreams,
the evensong, the gloomy tolling
of some wounded miracle
become the instruments of our sorry Sunday.

I live, that I can affirm
because I have learned the limit of the air.
That brief unraveling, the thaw.
Because today dawned brazen red,
and it was the advent
of those crowded at the last.

On the peace of this finale,
of this river that courses on, bloated with its dying,
each hour is the body of another hour absolved.

Far from all splendor
this day flows on to no clear quarter.
Between the evening and its nomadic moments,
time lifts up its wings
with the meekness and the rage of the panther and the dove.

How can we short-cut the shadow that digs deep in
and harms us, if nothing stays,
if everything was given us
as tribute in the dual currency of dust.   [G.McW.]

Stanzas

High in the air, polishing its naked flight,
a gray dove vanishes from view.
In that instant at the birth of light
the limitless sky shines perfect, true—
atangle, cloud and bird are one, blurred bright

son un mismo dibujo en este suelo.
Así en la sombra o en algún espejo
eres tú mi contorno y mi reflejo.

No es el futuro ni su irreal presencia
lo que nos tiene lejos, divididos:
es el lento desastre, la existencia,
la plenitud de todos los olvidos.
Sólo en el sueño, en su remota esencia,
caminamos desiertos pero unidos.
No volverás hasta el llameante centro,
a la impedida arena del encuentro.

De la mirada tú sigues cautiva
en el recinto fiel, en la memoria.
Allí te quedas imposible y viva,
honda en tu resplandor y transitoria.
Todo se enciende hoy para que escriba
viejas palabras de una antigua historia.
Atrás de este minuto se ha borrado
una playa en que el mar entró incendiado.

Sólo hay silencio. Ya ningún poema
recogerá en su eco este lamento.
Sería roer el miserable tema
con las palabras que destruye el viento.
Epitafio sin nombre, cardo, emblema
desfigurado por un sol violento;
destrucción del ayer: he aquí el envío
de todo lo que fue y es del vacío.

Inscripciones

1

Piedras que inútilmente pule el tiempo.
Muro entre dos ausencias levantado
que nada cubre ya porque lo cubren
la destrucción, la hiedra, acaso el viento.
Puerta cerrada de un jardín que nunca
ha existido o yace entre sus ruinas.

design on the ground below—so you,
in shadow or some mirror,
are my reflection and my contour.

Not the future, nor its unreal presence
keeps us distant, no longer linked:
it is this slow disaster, our existence,
the fullness of things we think
forgot. Only in sleep, in its remote essence,
desolately we walk as one. Nothing
will draw you back to that burning center,
onto the stumbling sands of the encounter.

But from first glance on you go, thralled
in that faithful precinct: memory.
You stay there, impossibly alive, stalled
deep in your own glow and so transitory.
Today everything is rekindled to set all
the old words to an old story.
On the far side of this moment now the strand's
washed out where sea rolled shining in to land.

There is only the silence. No poem
will pick up this lament in its cold echo.
That would be to whine away the sorry theme
with words the wind honed hollow.
Here it comes—nameless epitaph, sun-seared emblem—
our yesterday's obliteration, like slow
gray thistledown, homing in: envoy
of all that was and is, out of the void.   [G.McW.]

Inscriptions

1

Stones time shines at uselessly.
Wall built between two absences
that covers nothing now because it has hidden itself away
under ivy, in its rubble, even in the wind.
The shut gate of a garden
that never was, or that trailed off among its ruins.

Muro de polvo, siglos que se yerguen
contra el paso de nadie, bajo el tiempo.

2

Toda la noche se ha poblado de agua.
Sobre el muro del día
el mundo llueve.

3

Una vez, de repente, a medianoche
se despertó la música. Sonaba
como debió sonar antes que el mundo
supiera que fue música el lamento
de las horas deshechas, de los seres
que el instante desgasta
a cada instante.

4

Sobre un espacio del segundo
el tiempo
deja caer la luz ante las cosas:
fiel llanura de objetos
que me contemplan, mudos
—pero con algo en ellos
que es una voz eterna.

5

Medio comido por la tarde el tigre
suma sus manchas
sus feroces manchas;
legión perpetua de su imagen,
hierba,
hojarasca, prisión
que lo hace tigre.

6

Cierra los ojos, mar.
Que tu mirada
se vuelva hacia la noche
honda y extensa
—como otro mar de espumas
y de piedras.

Wall of dust, centuries spread out before us,
barring no one's way, in the passing weather.

2

All down the wall of day
the world rains.
All night the waters crowded in.

3

Once, at midnight, suddenly
the music struck up. It played on
as it must have played before the world
knew music was the keening
of the wasted hours, of beings
reeling from one instant
to the next instant on.

4

Across the space of a second
time
lets light fall before all things:
the faithful plain
of dumb objects that watch me—
but with something in them
that is an eternal voice.

5

Half-swallowed in the shadows of evening
the tiger counts his stripes,
his ferocious stripes;
everlasting legion of his image,
grass,
the rasp of dead leaves, bars
that make a tiger of him.

6

Sea, shut your eyes.
Let your look
turn toward the night
so deep and wide—
like another sea of foam
and stones.   [G.McW.]

La enredadera

Verde o azul, fruto del muro, crece.
Divide cielo y tierra.
Con los años
se va haciendo más rígida, más verde.
Costumbre de la piedra,
cuerpo ávido
de entrelazadas puntas que se tocan:
llevan la misma savia,
son una misma planta
y también son un bosque.
Son los años
que se anudan y rompen.
Son los días
del color del incendio.
Son el viento
que a través del otoño
toca el mundo,
las oscuras
raíces de la muerte
y el linaje
de sombra que se alzó en la enredadera.

Creeper

Fruit of the wall it grows, green or blue.
It divides the earth and sky.
Stiffer and greener it gets
with the years.
A habit of the stone;
a busy, greedy body
of complicated tips that touch:
they carry the same sap,
are of the same stem,
and are one tangled wood, that too.
They are the years that knit
and are pulled asunder.
They are the days
the color of the inferno.
The wind,
winding through autumn,
that chokes the world;
dark roots
of death,
the long line
of shadows that climbed the vine.   [G.McW.]

EL REPOSO DEL FUEGO

[1963-1964]

A Patricia y Mario Vargas Llosa

No anheles la noche en que desaparecen los pueblos de su lugar.

Job 36:20

I

1

Nada altera el desastre: llena el mundo
la caudal pesadumbre de la sangre.
¿Filo de qué inminencia o ya frontera
del viento que amanece y nos aguarda?
Con un hosco rumor
                           desciende el aire
y baja inconsolable, desmedido
a la más pétrea hoguera
                           y se abandona.
Y hoja al aire, tristísima, la hoguera
contempla la incendiaria sed del tiempo,
su víspera de ruina, los cantiles
de las ciudades tremolando pálidas.
Qué península azul, qué bamboleo
es la llama internándose en la noche
rodeada de negror y en todas partes.
Sin embargo tan pálida y altiva
o fija y ya serena
                           y como muerta.

2

Hoy rompo este dolor en que se yergue
la realidad carnívora e intacta.
Hiendo tu astilla inmóvil, mansedumbre.
Cerco lo que me asedia, las viscosas

THE RESTING PLACE OF FIRE
[1963–1964]

For Patricia and Mario Vargas Llosa

Desire not the night, when people are cut off
in their place.

Job 36:20

I

1

Nothing alters the disaster: the wealth
of hot blood transfuses the air with its grief.
At the sheer edge, what imminence or frontier
of rising wind already awaits us in the dawn?

With a coarse gasp
                the air descends, in an
overweening gush comes inconsolably
down, even to the stoniest place for fire
                        to take.

And sadly, like a leaf into the air, the blaze
struck up contemplates the incendiary thirst
of time, its eve of ruin: as if leaning out
over the sea, the steep stacks of the cities
wavering pale. What a blue peninsula
wobbling through pitch blackness the flame is,
there, plunged into the night.
So pale and haughty nevertheless;
hard-set, yet still serene, as if
                  struck dead.

2

Today I break off the ache where bloodthirsty
reality stretched on and on intact.
I sift out your still splinter, meekness.
I shift closer to what beset me: the slicks

— 19 —

manchas del aire tóxico y la zarpa
que se anuda sin cuerpo a la guitarra
y en su vertiente de metal humea,
como aceite de cólera, su rabo,
su figura animal que se desata.
Quemo tu lumbre, humillación, tu aguja
solidaria del vértigo que iguala
esos trazos de un áspid en el polvo
que andando el tiempo dispersó.

Y es triste.

3

No doy gracias: redoblo, conmociono
la estructura del sismo, la cortante
voracidad que invierte el deterioro.
Y miriadas continuas y excedencias,
diagonales relámpagos se prenden,
cicatrizan el aire, lo arremeten
para hallar en la tierra inexpugnable
los estratos alertas del incendio.

4

Miro sin comprender, busco el sentido
de estos hechos brutales,
                          y de pronto
oigo latir el fondo del espacio,
la eternidad muriéndose,
                          y contemplo,
reparo en la insolencia
feliz con que la lluvia moribunda
ahoga este minuto y encarniza
sus procaces colmillos contra el aire.

10

Sangre y humo alimentan las hogueras.
Nada mella el fulgor. Y las montañas
reblandecen los siglos, se incorporan,
desbaratan su ritmo, son de nuevo
piedra,
        mudez de piedra

of toxic air, the disembodied paw
that clawed at the guitar;
its tail, smoking at the metal grille
like the oil of black anger,
its animality let loose.
I burn in your afterglow, the humiliation, jointed
through you to the spire of vertigo that matches
these traces of an asp spiraled in the dust
that time tramping on, scattered.
                              And it's sad.

3
I don't give thanks. I redouble, I shock
the foundations of the quake again with this greediness
to dig back over all the old ravage and decay.
And all the acting-up, the myriad fragments,
the diagonal lightning-flashes set off
scar and press the air
into finding the alert layers of fire
bedded in the earth.

4
I stare without comprehending, I search for sense
in these brutal acts,
                        and suddenly
I hear a beating in the depth of space,
eternity dying,
                        and I reflect,
I dwell on my own defiance
happy the dying rain
stings the air
and snuffs this minute out.

10
Blood and smoke fuel the fires.
Nothing curtails their brillance. But the mountains
soften the centuries, absorbing their rhythms,
staggering, slowing them until they are stone
once more,
            testimony

                    testimonio
de que nada hubo aquí,
                    de que los seres,
como piedra también
                    se tornan viento.

Ser de viento espectral, ya sin aullido,
aunque busque su fin, aunque ya nada
pueda retroceder.

                    El tiempo es polvo.
Sólo la tierra da su fruto amargo,
el feroz remolino que suspende
lo que el ser erigió.

                    Quedan las flores
y su orgullo de círculo, tan necias
que intentan renacer, darse al aroma
y nuevamente en piedra revertirse.

II

1

Moho, salitre, pátina: descenso
del polvo al refluir sobre las cosas.
¿Qué obstinado roer devora el mundo,
arde en el transcurrir, empaña el día
y en la noche malsana recomienza?

Nace el desastre, el miedo que ha engendrado
la ira que esculpe en fuego a nuestro tiempo.
Nadie desea morir; todos quisieran
más vida y realidad.
Sólo el emperador, el responsable,
junto a quien consintió, busca que nada
alcance a perdurar ni continúe.

Tembloroso chacal, rey de tus ruinas,
señor de Babilonia hecha de escombros:
tu poder será el moho y el salitre,
serás polvo llevado por el mundo.
En tanto que nosotros duraremos.

            in mute stone
that here there was nothing,
                   that the beings too
like stone
       wore away into wind.

Being of spectral breath, not a moan
or man or woman now, although it feels out a climax,
even though nothing can draw it back.
               Time is dust.
Only the earth yields up its bitter fruit,
the fierce whirlwind suspends
everything built by being.
               The flowers sing on
in their idiotic cyclical pride,
intending to be reborn, sacrificing everything
to scent, reverting back to stone.

II

1

Saltpeter, rust, the patina in the descent
of dust as it spills back over things.
What stubborn engine of erosion whittles at the world,
burns out in transit, dulls the daylight
and in the sick nights starts up again?

Disaster is born, the fear it breeds:
the ire that etches out our age in fire.
No one is willing to die, everyone wants
more of life, more of this reality.
Only the Emperor of Woe, *him* in authority
beside the green man who agreed, tinkers
in the dust, seeing to it nothing manages to work or last.

You jumping jackal, king of the garbage heaps,
junkman, Lord of Babylon,
saltpeter and rust will be fuel to you.
For as long as we live
you will be the dust driven across the world.

2 (Don de Heráclito)
Pero el agua recorre los cristales
musgosamente:
ignora que se altera,
lejos del sueño, todo lo existente.

Y el reposo del fuego es tomar forma
con pleno poder de transformarse.
Fuego del aire y soledad del fuego
al incendiar el aire que es de fuego.
Fuego es el mundo que se extingue y prende
para durar (fue siempre) eternamente.

Las cosas hoy dispersas se reúnen
y las que están más próximas se alejan:

Soy y no soy aquel que te ha esperado
en el parque desierto una mañana
junto al río irrepetible en donde entraba
(y no lo hará jamás, nunca dos veces)
la luz de octubre rota en la espesura.

Y fue el olor del mar: una paloma,
como un arco de sal,
ardió en el aire.

No estabas, no estarás
pero el oleaje
de una espuma remota confluía
sobre mis actos y entre mis palabras
(únicas nunca ajenas, nunca mías):
El mar que es agua pura ante los peces
jamás ha de saciar la sed humana.

3
No alzar los ojos, ver el muro: tierra.
Disipar las tinieblas. Acercarse
al fondo de esta noche
en donde el alba
y su tropel esperan que amanezca.

2 (The gift of Heraclitus)

But mossily, the water
slips across the windowpanes:
ignoring that it alters,
far from anything we dreamed of, everything that is.

And the only rest for fire lies in taking this shape
with full power to transform.
Air afire and the loneliness of fire
at setting off this fire air is.
Fire—the world's lighting-up, its going-out
always (it was ever) lastingly.

Today distant things are brought home
to me again; what was close scatters far:

I am and I am not the man who has waited
a morning in the empty park for you
beside the river that never flows back, where broken
October light entered the grove (never twice,
never once more).

And it was the smell of the sea: a dove,
an arc of salt
burned into the air.

You were, never will be
anything but surf:
the rush of distant spray sweeping in
on my every deed, through all my words (the only
ones I have, never strange yet never, never mine):
sea, purest of water to the fish,
will never slake our human thirst.

3

Not to lift one's eyes and see the wall of earth.
To push away the dusk. To step nearer
the deep of night
where dawn with all its bustle
waits to break.

4

Si se extiende la luz
toma la forma
de lo que está inventando la mirada.

5

Vuelven mundos a hendirse. Y de milagro
cruza rampante un astro en pie de guerra
hasta encajarse náufrago en la hierba,
deshecha su materia voladora
—como si el rayo halcón venciendo el aire
de la estrella fugaz se apoderase:
tal caricia que siente el enterrado
cuando el suelo mortal lo desfigura.

In memoriam Luis Cernuda, 5 xi 1963

6

Ácida incertidumbre que devora
los confines del aire
mientras toco
—con avidez de urna— tu memoria.
Y es noviembre en el aire hoja quemada
de un árbol que no está
mas permanece
en el viejo sabor ya empalagoso
de esta pena plural que he vuelto mía.

7

Algo crece y se pierde a cada instante.
Algo intenta durar, algo remoto:
la forma sustantiva en que la arena
dibuja la inscripción de su agonía
(porque es la permanencia del oleaje
cuando el mar en desierto ha terminado).

8

Aquí desembarcaron, donde el río
al encontrarse con el mar lo lleva
tierra adentro, de nuevo hacia la fuente,
el estuario secreto en las montañas.

4

If the light grows,
it fills the shape
cast by your longing glance.

5

Worlds veer back to tear apart. A star
shoots raging by to war, until miraculously
it is shut, shipwrecked in the grass,
all its flying stuff blown out,
as if (like the tail off a bird) a falcon bolt
had snapped the vapor trailing from the star:
so it felt to the buried body
mangled in the embrace of mortal ground.

In Memoriam Luis Cernuda, 5 November 1963

6

While an acid uncertainty
cuts within the confines of the air,
I touch your memory—the urn
aroused.
And it is November, burnt leaf
of a tree that is no longer there
it lingers on,
sickening old scent
of this crowded heartache I have grown to be.

7

Every moment that goes, something wilts or grows.
Something has designs to endure, something remote
shapes the solid name for your suffering
into the sands (because the permanence
of their swell is there
where sea has ended in desert).

8

Here they disembarked, where the river
meeting the sea
carries it inland to its source once more,
the secret estuary in the hills.

Aquí desembarcaron, y en mil años
nada cambió en la tierra (y no hay vestigio
de lo que era este sitio hace mil años).

Mira en tu derredor: el mundo, ruina;
sangre y odio la historia. Y aún procreamos
para el dolor, el hambre y el destierro
y la opresión, el llanto y el desastre.

Aquí desembarcaron. . . Si en mil años
nada cambió en la tierra, me pregunto:
¿nos iremos también sin hacer nada?

9

Nuestra moral, sus dogmas y certezas
se ahogaron en un vaso.
Y este mundo
resulta un pez que el aire ya envenena
en su salto de red, branquial susurro
de lo que muere al margen,
ya disuelto
y sin remedio en la brutal orilla.

10

A mitad de la tarde los objetos
imponen su misterio, se remansan,
nos miran fijamente, nos permiten
luchar porque no avancen ni se adueñen
de nuestro mundo todo
y nos conviertan
en inmóvil objeto.

11

Todo lo empaña el tiempo y da al olvido.
Los ojos no resisten
tanta ferocidad.
La luz, la luz, su llama
quemando los perfiles de las cosas
y en medio tanta muerte, esos tus ojos:
ojos tuyos, tristísimos, que vieron
lo que nunca miré;

Here they disembarked and for a thousand years
nothing changed on earth (and there is not a trace
of what this place was that millennium ago).

Look around you: the world—a ruin;
blood and hate—history. And even for this hungering
and sorrow, exile and persecution, the weeping
and wail of disaster we go on procreating.

Here they disembarked . . . If for a thousand years
nothing transpired on earth, I wonder:
Will we pass on, having done nothing?

9

Our morality, its dogmas and its certainties
drowned in a teacup.
And so, the world surfaces,
a fish the air sickens
with a single cast of its net: bronchial sigh
of what dies at the edge,
already rotted
beyond repair on the brutal lee.

10

In the midst of the evening the mystery
in every object stands out and stares hard
at us, then slips back, letting us struggle on
because they can move no farther, nor enthrall
our world entirely,
making of us all
inanimate objects.

11

All tarnishes in time and is handed on to be forgotten.
The eyes cannot resist
such stridency.
The light, the light, your flame
searing the profile of things
and amid so much death, these eyes of yours,
your sad, sad eyes saw
what I had never known:

todo lo empañan;
todo es olvido y sombra y desenlace.

12

Pero ¿es acaso el mundo un don del fuego
o su propia materia ya cansada
de nunca terminar
le dio existencia?

13

O es el desnudo pulular del frío
o la voz invisible de la hormiga
atareada en morir bajo su carga.
Repta el viento y horada los caminos
subvegetales que anegó la asfixia
de cuál roedor en brusca madriguera.
¿Sabe el jardín qué zonas del verano
engendran el otoño adormecido
por la savia esclerótica?
                    Y no es esto
lo que intento decir.
                Es otra cosa.

15

Rumor sobre rumor. Quebrantamiento
de epocas e imperios.

Desenlace.

Otra vez desenlace y recomienzo.

III

1

Brusco olor del azufre, repentino
color verde del agua bajo el suelo.
Bajo el suelo de México se pudren
todavía las aguas del diluvio.
Nos empantana el lago, sus arenas
movedizas atrapan
y clausuran
la posible salida.

everything spoils;
all is forgetfulness and shadow, and an unraveling.

12
But is the world a gift from fire
or its own matter, weary
of never-ending
that brought itself into being?

13
Or is it the bare chafing of the cold,
the untraceable voice of the ant
saddled with dying under its load.
The wind veers and the ways
of subvegetables—that deny such things
as asphyxia—are burrowed at by what
jawing in their fathomless ruts?
Does the garden know what zone of summer
bred the autumn,
sleeping in the sclerotic sap.
                        But this is not
what I meant to say.
               It is something else.

15
Rumble after rumble. The quaking
of epochs and empires.

The giving in.

Once more the letting-go and starting over.

III

1
Sour reek of sulfur, the sudden green
of water underground.
Under Mexican ground the floodwaters
putrefy already.
The lake swamps us, its quicksands
clamp shut
on
all possible exit.

Lago muerto en su féretro de piedra.
Sol de contradicción.
(Hubo dos aguas
y a la mitad una isla,
enfrente un muro,
a fin de que la sal no emponzoñara
nuestra laguna dulce en la que el mito
abre las alas todavía, devora
la serpiente metálica, nacida
de las ruinas del águila. Su cuerpo
vibra en el aire y recomienza siempre.)

Bajo el suelo de México verdean
espesamente pútridas las aguas
que lavaron la sangre conquistada.
Nuestra contradicción—agua y aceite—
permanece a la orilla dividiendo,
como un segundo dios,
todas las cosas:
lo que deseamos ser y lo que somos.

(Haga el experimento. Si levanta
unos metros de tierra
encuentra el lago,
la sed de las montañas,
el salitre
que devora los años.
Y este lodo
en que yace el cadáver de la noble
ciudad de Moctezuma.)

Y comerá también nuestros siniestros
palacios de reflejos, muy lealmente,
fiel a la destrucción que lo preserva.

El axolotl es nuestro emblema: encarna
el temor de ser nadie y replegarse
a la noche perpetua en que los dioses
se pudren bajo el lago y su silencio
es oro—como el oro de Cuauhtémoc
que Cortés inventó.

Dead lake in its casket of stone.
Contradictory sun.
(There were two waters
and in their midst, an island,
a wall before it
so no salt would sour
our sweet lagoon, where the myth
still spreads wing, and devours
the brazen serpent, sired
from the ruins of the eagle. Its airborne
body hums, revving up again and again.)

Under the ground of the city the waters gather
thick and putrid green
to scourge the conquered blood.
Our contradiction—oil and water—
cleaves like a twinned god
to the shore, dividing
everything in two:
what we wish to be and what we are.

(Experiment. Dig over
a few meters of ground
and it unearths the lake,
the thirst locked in the mountains,
the saltpeter
that scours away the years.
And this mud—the corpse
of Moctezuma's noble city
sprawled across it.)

And it will swallow up our sinister
palaces of reflections, very faithfully,
loyal to the destruction that sustains it.

Our emblem in the axolotl: it embodies
the dread of being nobody at all, lapped
back into the perpetual night, where the gods
rot under the lake, and their silence
is golden—like the gold of Cuauhtémoc
Cortés dredged up out of his imagination.

Abre esa puerta
prende la luz acérquense ya es tarde
nos vamos se hizo tarde ya es muy tarde
hay tiempo todavía hoy o mañana
dense la mano no se ve está oscuro
dame la mano por favor

nos vemos

2
Toda la noche vi crecer el fuego.

3
La ciudad en estos años cambió tanto
que ya no es mi ciudad, su resonancia
de bóvedas en ecos y los pasos
que nunca volverán.

Ecos pasos recuerdos destrucciones

Pasos que ya no son, presencia tuya,
hueca memoria resonando en vano.
Lugar que ya no está, donde pasaste,
donde te vi por último en la noche
de ese ayer que me espera en los mañanas,
de ese futuro que pasó a la historia,
de este hoy continuo en que te estoy perdiendo.

4
Atardecer de México en las lúgubres
montañas del poniente . . .
(Allí el ocaso
es tan desolador que se diría:
la noche así engendrada será eterna.)

5
Conozco la locura y no
la santidad:
la perfección terrible de estar muerto.

Pero los ritmos, imperiosos ritmos,
los latidos secretos del desastre,
arden en la extensión de mansedumbre

light the light come closer it's already late
it has got so late let's go so very late already
but time enough today or tomorrow
take hands can anybody see it's so dark
please give me your hand

                    I'll see you

2

All night I watched the fire grow.

3

In these past years the city has changed so
it isn't mine, anymore—the footfalls
echoed away into its vaults
never to step home.

Echoes footsteps memories all wreckage

Footsteps that are no longer there, your presence,
empty memory echoing in vain.
In a place that is no longer here, where you passed,
where I saw you last in the night,
this yesterday that waits for me in the tomorrow,
this future that crept back into history,
this continual today where I am losing you.

4

Evening in Mexico, by the glum mountains
of the setting sun . . .
(Dusk there
is so desolate one would say: night so woebegone
will be eternal.)

5

I know madness well, but not
the sanctity:
the terrible perfection of being dead.

But the rhythms, the imperious rhythms,
the secret beat of disasters
burning within the span of mildness

que es la noche de México.
Y los sauces,
las famélicas rosas y las palmas,
funerarios cipreses perdurando,
son veredas del cardo, son eriales
de la serpiente árida, habitante
en comarcas de fango: esas cavernas
donde el águila real bate las alas
en confusión de bóvedas, reptando
por la noche de México.

6

¿Qué se hicieron
tantos jardines, las embarcaciones
anegadas de flores, qué se hicieron?
¿Qué se hicieron los ríos, las corrientes
de la ciudad, sus ondas, sus rumores?
Los llenaron de mierda, los cubrieron
para abrir paso al peso del carruaje
de los nuevos señores.

¿Qué se hicieron
los bosques y los lagos y los campos
que en un tiempo llenaron la meseta,
este cráter lunar donde se asienta
la ciudad movediza, la fluctuante
capital de ignominia?
Los cegaron
para alzar el palacio del cacique
del señor general, del empresario.

Dijo el virrey: *Los hombres de esta tierra*
son seres para siempre condenados
a eterna oscuridad y abatimiento.
Para callar y obedecer nacieron.

La injuria del virrey flota en el lodo.
Ningún tiempo pasado ciertamente
fue peor ni fue mejor.
No hay tiempo, no lo hay,
no hay tiempo: mide

that is evening in Mexico.
                              The willows
and the wilting roses, and the palms,
the cypresses—funereal, lasting on beside them—
are thistled tracks, are bare
heaths for the arid serpent, the bottom-dweller
slithering in the slimy regions: these caverns
where royal eagles flap ragged wings
in a confusion of chasms
through Mexico's night.

                            6
                      What have they done
with all those gardens, the decks swept bare
of flowers, what have they done with them all?
What of the rivers, the currents
through the city, its murmurs, its waves?
They filled them in with shit, paved them over
to make way for the weight
of the new lords in their carriages.

                              What have they done
with the woods, the lakes, the fields
that once covered the meseta,
this lunar crater the shaky city
settles on, the quivering
capital of shame?
                        They shut them from their sight
to raise a palace to the Governor General,
the Lord, High Impresario.

The Viceroy said: *The men of this land*
are beings condemned forever
to obscurity and to be downtrodden.
They were born to shut up and obey.

The Viceroy's insult floats across the mud.
None of the times past were worse
or better than this.
There isn't the time, no time
at all: through the sky the planet

la vejez del planeta por el aire
cuando cruza implacable y sollozando.

7

México subterráneo. . . El poderoso
virrey emperador sátrapa hizo
construir para sí todo el desierto.
Hemos creado el desierto: las montañas
—rígidas de basalto y sombra y polvo—
son la inmovilidad.
        Vibra el estruendo
que hacen las aguas muertas resonando
en el silencio cóncavo.
        Es retórica,
iniquidad retórica este llanto.

8

¿Sólo las piedras sueñan?
        ¿Su hosca esencia
es la inmovilidad?
        ¿El mundo es sólo
estas piedras inmóviles?

Roza el aire el cantil para gastarse,
para hallar el reposo.
        Inconsolable
el descenso del vértigo: marea
de mil zonas aéreas desplomándose.

9

Hoy, esta noche, me reúno a solas
con todo lo perdido y sin embargo
lo futuro también.

Entre el ave y su canto fluye el cielo.
Fluye sí, está fluyendo, todo fluye:
el camino que lentan las mañanas,
los planetas errantes, calcinados
que cumplen su condena desgastándose
al hendir sin reposo las tinieblas.

measures out its age, like an inconsolable sigh,
every time it crosses.

7

Underground Mexico . . . The powerful
Viceroy Satrap Emperor raised up
a whole desert to his memory.
We have created desert; mountains—
stiffened with basalt and shadow and dust—
are our own immobility.
                Thunder throbs,
making the dead waters drum
in the concave silence.
              This is rhetoric,
iniquitous rhetoric this lament.

8

Do only the stones dream here?
                    Is motionlessness
their rough essence?
              Is the world simply
these static stones?

The steep cliff wears away, browsing on air,
seeking repose.
           Inconsolable
descent of vertigo: the seasick breaking in on us
of a thousand zones of air.

9

Today, in this dark night, I am joined
to everything that's lost, and what is to come
no less.

Between the bird and its song the sky flows in.
Yes—flows, is flowing, all aflow:
the wide way slowed by the long mornings;
the shooting stars, charred,
burning out their tethers,
tearing in through the twilight without rest.

10

Hay que darse valor para hacer esto:
escribir cuando rondan las paredes
uñas airadas, animales ciegos.

> Hay palabras

carcomidas, rengueantes:

> sonsonete

de algún viejo molino.

> Cuántas cosas,

llanto de cuántas cosas ya inservibles
que en el polvo arderán.

> Chatarra, escoria,

sorda, sórdida hoguera consumiéndose.

Fuego la luz. Ceniza. Un lirio
es cada

> pobre

> rescoldo

> triste

al deshacerse.

11

El viento trae la lluvia.
En el jardín
las plantas se estremecen

12

Enciende el sol el campo a mediodía.
Aquí todas las cosas se disponen
a renacer.

> De pronto, dulcemente

todo el jardín se yergue entre las piedras:
nace el mundo de nuevo ante mis ojos.

13

Cae la tarde en la lluvia sorprendida
por el girar marítimo del aire.
Línea de sombra, umbral, solar umbrío
en donde las tinieblas se preparan
a engendrar más tinieblas.

> Lentamente

10

For this you need real courage:
to write while the blind beasts with raw
fingernails claw the circled wall.

There are words

rusty and lame:

the singsong creak

of some old windmill.

So many things,

the wail of so much unserviceable stuff
that will smolder in the dust.

The dross and the scrap iron:

deaf, sordid, self-incinerating blaze.

Fire is light. Ash. A lily
  each

      poor
         sad

            cinder song
when it goes out.

11

The wind brings rain.
Shivering
through the greenery in the garden.

12

Sun lights up the countryside at noon.
Here all things are set
for second birth.

Suddenly, sweetly

the whole garden spreads out between the stones:
before my eyes, the world reborn.

13

In the rain the evening falls, surprised
by the tidal wash of air.
Line of shadow, penumbral solar shade
where the darknesses ally
to breed a deeper dark.

Slowly

la tarde cae en la lluvia.
Cae la lluvia en la tarde
                      y las tinieblas
zozobran en la luz.
               Resuena, vibra
ese golpe ignorado, ola invisible
con que el fuego del aire enciende al mundo.

          14 (Las Palabras de Buda)
Todo el mundo está en llamas:
lo visible
          arde
y el ojo en llamas lo interroga.
Arde el fuego del odio.
Arde la usura.
Arde el dolor.
La pesadumbre es llama.
Y una hoguera es la angustia
en la que arden
             todas las cosas.
Llama.
        Arden las llamas,
mundo y fuego.
         Mira
la hoja al viento,
            tan triste
de la hoguera.

            15
Es hoguera el poema
              y no perdura
Hoja al viento
          también

también tristísima

Inmóvil ya
        Desierta
hasta que el fuego
renazca en su interior
Cada poema

evening falls in the rain;
                        light
flounders into twilight.
                    The shudder and thump
of this unacknowledged blow, invisible wave
with which the fire in the air lights up the world.

                14 (The sayings of Buddha)
The whole world is in flames:
what is visible
                burns
and the burning eye investigates.
The fires of hate rage up.
The burning
usury and hurt.
Sorrow is a flame.
And anguish a great fire
in which all things
                    burn.
In the cry of flame
                    the flames blaze up,
the world and the fire.
                    So sad
and sorrowful, look at
                    the falling leaf
blaze in the wind.

                        15
The poem is a fire
                    and it does not last
A leaf in the wind
                    too

too sad to say

Motionless now
                A bare space
until fire
rekindles inside
Each poem

         epitafio del fuego
cárcel
    llama
hasta caer en el silencio en llamas

Hoja al viento
        tristísima
            la hoguera.

                an epitaph for fire
a prisonhouse
                a flame
until in flames the silence settles

Sad   sad
            leaf in the wind
                        this blaze.   [G.McW.]

NO ME PREGUNTES
COMÓ PASA EL TIEMPO
[1964-1968]

Como figuras que pasaron por la pantalla de televisión
y desaparecen, así ha pasado mi vida.
Como los automóviles que pasaban rápidos por las carreteras
con risas de muchachas y música de radios . . .
Y la belleza pasó rápida, como el modelo de los autos.
Y las canciones de los radios que pasaron de moda.

Ernesto Cardenal

Alta traición

No amo mi Patria. Su fulgor abstracto
es inasible.
Pero (aunque suene mal) daría la vida
por diez lugares suyos, cierta gente,
puertos, bosques de pinos, fortalezas,
una ciudad deshecha, gris, monstruosa,
varias figuras de su historia,
montañas
(y tres o cuatro ríos).

Aceleración de la historia

Escribo unas palabras
                      y al minuto
ya dicen otra cosa
                   significan
una intención distinta
                       son ya dóciles
al Carbono 14
               Criptogramas
de un pueblo remotísimo
                        que busca
la escritura en tinieblas.

DON'T ASK ME
HOW THE TIME GOES BY
[1964–1968]

Like figures passing across the T.V. screen
and disappearing, so my life has passed me by.
Like the blare of cars cutting out along the highway
to pass with laughing girls and music on the radio . . .
Beauty passed fast—like the model of the cars
and songs on the radio—whizzed out of date.

Ernesto Cardenal

High treason

I do not love my country. Its abstract splendor
is beyond my grasp.
But (although it sounds bad) I would give my life
for ten places in it, for certain people,
seaports, pinewoods, fortresses,
a run-down city, gray, grotesque,
various figures from its history,
mountains
(and three or four rivers).   [A.R.]

The acceleration of history

I jot a few words
                    and presto
pass on something different
                                        say
something else
                    altogether susceptible
to Carbon 14
                    Cryptograms
of some distant tribe
                    plundering
after writing down through the dusk.   [G.McW.]

Crítica de la poesía

He aquí la lluvia idéntica y su airada maleza . . .
La sal, el mar deshecho . . .
Se borra lo anterior, se escribe luego . . .
Este convexo mar, sus migratorias
y arraigadas costumbres
ya sirvió alguna vez para hacer mil poemas.
(La perra infecta, la sarnosa poesía,
risible variedad de la neurosis,
precio que algunos pagan
por no saber vivir.
La dulce eterna, luminosa poesía.)

Quizá no es tiempo ahora:
nuestra época
nos dejó hablando solos.

Declaración de Varadero

(En el centenario de Rubén Darío. 1967.)

La tortuga de oro marcha sobre la alfombra.
Va trazando en la sombra
un incógnito estigma
los signos del enigma
de lo que no se nombra.
Cuando a veces lo pienso,
el misterio no abarco
de lo que está suspenso
entre el violín y el arco.

R. D., *Armonía*

En su principio está su fin. Y vuelve a Nicaragua
para encontrar la fuerza de la muerte.
Relámpago entre dos oscuridades, leve piedra
que regresa a la honda.

Cierra los ojos para verse muerto.
Comienza entonces la otra muerte, el agrio
batir las selvas de papel, torcer el cuello
al cisne viejo como la elocuencia;

A critique of poetry

Here is the same rain and its angry greenery . . .
The salt sea breaking . . .
That line is rubbed out, then another made—
This convex sea, its tides swell and wander
wide around their root—
which once was good for a thousand poems.
(That infected bitch, the mangy line of poetry—
silly neurotic strain—
the price some men pay
for not knowing how to make a life.
The sweet eternal, luminous poetry.)

Perhaps this is not the time . . .
when the times have left us,
talking to ourselves.   [G.McW.]

A manifesto from Varadero

(On the Centenary of Rubén Darío, 1967)

Crawling on the carpet I watch the golden tortoise go,
tracing through the shadow
a stigma,
the mark of an enigma
we cannot name, or know.
When sometimes I think of it,
the mystery never grasped,
it clings there, singing yet
between the bow and violin.

Rubén Darío, *Harmony*

In his beginning lies the end. Returning to Nicaragua
he takes on the power of death.
A lightning flash between two darknesses, a little stone
returning to the sling.

He shuts his eyes and sees himself dead.
Then begins on that other death, the bitter
hacking through jungles of paper, wringing the neck
of an old swan like eloquence,

incendiar los castillos de hojarasca,
la tramoya retórica, el vestuario:
aquel desván llamado "modernismo."
Fue la hora / de escupir en las tumbas.

Las aguas siempre se remansan.
La operación agrícola supone
mil remotas creencias, ritos, magias.
Removida la tierra
pueden medrar en ella otros cultivos.
Las palabras / son imanes del polvo,
los ritmos amarillos caen del árbol,
la música deserta / del caracol
y en su interior la tempestad dormida
se vuelve sonsonete o armonía,
municipal y espesa, tan gastada
como el vals de latón de los domingos.

Los hombres somos los efímeros,
lo que se unió se unió para escindirse
—sólo el árbol tocado por el rayo
guarda el poder del fuego en su madera,
y la fricción libera esa energía.

Pasaron, pues, cien años:
ya podemos
perdonar a Darío.

Envidiosos

Levantas una piedra
y los encuentras:
ahítos de humedad
pululando.

A Turner landscape

Hay demasiada primavera en el aire.
El excesivo fasto
augura la pobreza. Nadie puede

setting fire to the piles of dead leaves,
the rhetorical masquerading, and the dressing-up room:
that high attic with its name "modernism."
It was time / for spitting on the tombs.

Water always gathers in a pool;
the country round draws on
a thousand time-honored rites, beliefs, conjurations.
Rightly turned the earth
lets in other crops to thrive.
Words / are lodestones of dust / that draw down
the yellow rhythms off the tree,
charm music / from the seashell
and inside, the sleeping tempest
turns out a jingle or broad harmony,
thick and municipal, or worn away as waltzes
by brass bands on a Sunday.

What is met is met to be split apart.
We are ephemeral—only trees
touched by lightning
hold the force of the fire in their wood,
and friction frees that energy.

So now a hundred years have passed:
we can pardon
and call down Darío.   [G.McW.]

The envious ones

You lift up a stone
and you find them:
gorged on dampness,
seething.   [A.R.]

A Turner landscape

There is too much spring in the air.
The excess of splendor
augurs poverty. No one can

guardar unos segundos de esta tarde
para alumbrarse en el invierno
(ya oigo la impugnación de las hormigas).
El campo de Inglaterra es un jardín
ilimitado. Quién
escandalizará a tanta inocencia
diciendo qué le espera:
en el otoño sequedad
y ventisca
en el invierno funerario

Kristiansand

Desembarcamos al atardecer.
Diluviaba.
Nunca estuvo tan gris el Mar del Norte.
Pero obstinada en recobrar la sal,
la lluvia,
a grandes rasgos
me contaba su historia.

R.D. Nuevamente

Oscuridades del bajorrelieve.
Figura maya
y de repente
como-una-flor-que-se-desmaya
(tropo *Art Nouveau* y adolescente)
el Cisne de ámbar y de nieve.

Digamos que Amsterdam 1943

El agua vuelve al agua.
Qué inclemente
caer de lluvia sobre los canales
en la mañana inerme.
Y a lo lejos
un silbato de fábrica.
Entre sábanas, roto, envejeciendo,

keep a few seconds of this afternoon
to light them through the winter
(already I hear the challenge of the ants).
The English countryside is a never-ending
garden. And who
would violate such innocence
by telling what lies in store:
the parched earth of autumn,
and the snowstorms
in the funereal winter?   [A.R.]

Kristiansand

We disembarked in the late afternoon.
The rain poured down.
The North Sea had never been so gray.
But bent on recapturing the salt,
the rain,
in great sweeps,
outlined to me its history.   [A.R.]

Rubén Darío once again

The ambiguities of bas relief.
A Mayan figure
and, all of a sudden,
frail-as-a-fainting-flower,
(a line of *Art Nouveau,* half adolescent)
the Swan of amber and snow.   [A.R.]

Say, Amsterdam 1943

Water returns to water.
How cruel
the fall of rain on the canals
in the defenseless morning.
And in the distance
a factory whistle.
On sheets, despoiled, already aging,

— 53 —

está el periódico;
la guerra continúa, la violencia
incendia nuestros años.
Bajo tu cuerpo y en tu sueño duermes.
¿Qué será de nosotros, cuándo y dónde
segará nuestro amor el tajo, el fuego?
Se escucha la respuesta:
están subiendo.
Me voy, no te despiertes:
los verdugos
han tocado a la puerta.

El emperador de los cadáveres

El emperador quiere huir de sus crímenes
pero la sangre no lo deja solo.
Pesan los muertos en el aire muerto
y él trata
        siempre en vano
                de ahuyentarlos.

Primero lograrían borrar
con pintura la sombra
que a mediatarde
proyecta el cuerpo del emperador
sobre los muros del palacio.

Conversación Romana

En Roma aquel poeta me decía:
—No sabes cuánto me entristece verte
escribir prosa efímera en periódicos.

Hay matorrales en el Foro. El viento
unge de polvo el polen.

Ante el gran sol de mármol Roma pasa
del ocre al amarillo,
el sepia, el bronce.

Algo se está quebrando en todas partes.
Se agrieta nuestra edad.

lies the newspaper:
the war goes on, the violence
burns away our years.
Under your body and in your dream you sleep.
What will become of us, when and where
will our love be cut off by the blade, the shot?
The reply is heard:
they are coming up.
I'm going, don't wake up:
the executioners
have knocked on the door.   [A.R.]

The emperor of the corpses

The Emperor wishes to escape from his crimes
but the blood will not leave him alone.
The dead weigh heavy in the dead air
and he tries
        but always vainly
                to drive them away.

They'd be as well to try
to obliterate with paint
the shadow which in midafternoon
the Emperor's body throws
upon the palace walls.   [A.R.]

Roman conversation

In Rome that poet told me:
You cannot imagine how it saddens me to see you
writing ephemeral prose in magazines.

There are weeds in the Forum. The wind
anoints the pollen with dust.

Under the great marble sun, Rome changes
from ocher to yellow,
to sepia, to bronze.

Everywhere something is breaking down.
Our times are cracking.

Es el verano
y no se puede caminar por Roma.
Tanda grandeza avasallada. Cargan
los coches contra el hombre y las ciudades.
Centurias y falanges y legiones,
proyectiles o féretros,
chatarra,
ruinas que serán ruinas.

Hay hierbas,
adventicias semillas en el mármol.
Y basura en las calles sin memoria:
plásticos y botellas y hojalata.
Círculo del consumo: la abundancia
se mide en la basura.

Hace calor. Seguimos caminando.
No quiero responder
ni preguntarme
si algo escrito hoy
dejará huellas
más profundas que el polen en las ruinas.

Acaso nuestros versos duren tanto
como el modelo Ford 69
(y muchísimo menos que el Volkswagen).

On growing old

Sobre tu rostro
    crecerá otra cara
de cada surco en que la edad
       madura
y luego se consume y
     te enmascara
y hace que brote
    tu caricatura

Mundo escondido

Es el lugar de las computadoras
y de las ciencias infalibles;

It is summer
and you cannot walk through Rome.
So much grandeur enslaved. Chariots
charge against both men and cities.
Companies and phalanxes and legions,
missiles or coffins,
scrap iron,
ruins which will be ruins.

Grasses grow,
fortuitous seeds in the marble.
And garbage in the unremembering streets:
tin cans, paper, scrap.
The consumer's cycle: affluence
is measured by its garbage.

It is hot. We keep on walking.
I have no wish to answer
or to ask myself
if anything written today
will make a mark
any deeper than the pollen in the ruins.

Possibly our verses will last as long
as a 69 Ford
(and certainly not as long as a Volkswagen Bug).   [A.R.]

On growing old

Over the lines of your face
                    will grow another
in every wrinkle
                  that ripens
then crusts over
                to mask you
budding into your
                    caricature   [G.McW.]

Hidden world

It is the territory of the computer
and the infallible sciences;

— 57 —

pero de pronto te evaporas
—y creo en las cosas invisibles.

Escolio a Jorge Manrique

La mar

no es el morir
sino la eterna
circulación de las
transformaciones.

La experiencia vivida

Estas formas que veo al lado del mar
y engendran de inmediato
asociaciones metafóricas
¿son instrumentos de la Inspiración
o de falaces citas literarias?

Pompeya

La tempestad de fuego nos sorprendió en el acto
de la copulación.
No fuimos muertos por el río de lava.
Nos ahogaron los gases; la ceniza
nos sirvió de sudario. Nuestros cuerpos
continuaron unidos en la roca:
petrificado espasmo interminable.

Venus Anadiomena por Ingres

Voluptuosa Melancolía
en tu talle mórbido enrosca
el Placer su caligrafía
y la Muerte su garabato,
y en un clima de ala de mosca
la Lujuria toca a rebato.

R. L. V.

then suddenly you vanish into thin air
—and I believe in the invisible.   [A.R.]

Footnote to Jorge Manrique

The sea
   is not a state of death
            but rather the endless
                      circulating of
                                all transformations.
                                           [A.R.]

Live experience

These forms I see at the edge of the ocean
which breed immediate
metaphoric association—
are they Inspiration and its agents,
or a trick of literary allusion?   [G.McW.]

Pompeii

The firestorm surprised us in the act
of copulation.
We were not killed by the river of lava.
Gases smothered us: ashes
were our shroud. Our bodies
fused with the rock:
endless petrified spasm.   [T.H.]

Ingres' *Venus Anadyomene*

Voluptuous Melancholy,
into your morbid look
Pleasure has twisted its calligraphy
and sheer through—as the clime of a fly's wing
buzzing in her gossamer—Death, its little hook
and Luxury, its tocsin.
                        Ramon Lopez Velarde

— 59 —

No era preciso eternizarse, muchacha;
pero tu desnudez llega a este siglo
desde un amanecer interminable;
y tu cuerpo, invento de la luz
que se diría
hondo rocío marítimo, surgido
de las verdosidades más azules.

Eres continuamente la derrota
de la ceniza bíblica y la lúgubre
enseñanza de sal judeocristiana
para el rumor ardiendo en el linaje
del cual híbridamente descendemos.

Ingres clausura el pudridero, la amarga
obligación de envejecer—porcina
aunque devotamente sollozando.
Y una moda ya opaca: la perversa
inocencia de nínfula, renueva
la visión de tu carne perdurable,
opuesta a Valdés Leal, Goya, Quevedo.

Y aparta con respeto la Ceniza,
La Iniquidad, el Quebranto, la Tiniebla
—rencorosas palabras donde gimen
nuestro procaz idioma y nuestras culpas—
para que el mar se hienda
y el milagro,
la partición atónita del agua,
se repita en las playas concurridas
por *personas decentes*.

El Ajusco

Roca heredada de un desastre
    el fuego
erigió su sepulcro
y ronda el valle
su resplandor de musgo
entre la inerme
       transparencia elegíaca /

There was no need to be eternal, girl;
but your nakedness touches shore in this century
out of an endless dawning.
And your body, a connivance of the light
one would say, a sprig
of deep sea dew, sprouted
from the bluest of greens.

You are the continual squall of loveliness
along the bleak and ashen pathway of the Bible,
the trials of glum Judeo-Christian teaching,
an ardent hum down that hybrid line
we all spring from.

Ingres seals off the pit—the bitter
obligation of growing old—reeking still
for all the devout wailing over it.
And in an opaque way, the perverse
nymphet innocence restores
the vision of your flesh enduring on
against Goya, Valdes Leal, Quevedo.

And demurely, it holds back the Ash Heap and the Iniquity,
the Closing-in, the Eventide—
the words of rancor through which our faults
and rude language roar—
so that the seas may open wide
and the miracle,
the astonished parting of the waters
happen again on beaches shared
by *such respectable people*.   [G.McW.]

El Ajusco

Rock inherited from a disaster
        fire
set up its own sepulcher
and the valley is surrounded
by its mossy radiance
amid the innocent
                    and wistful transparency /

en él yacen los años
se diría
que nunca se ha movido de su sitio
hosco e inalterable a las metáforas
"guardián de la ciudad"
                              "vigía"
"testigo"
         of padre de lo inmóvil /

Autoanálisis

He cometido un error fatal
—y lo peor de todo
es que no sé cuál

Vanagloria o alabanza en boca propia

A pulso   a fuerza   infatigablemente
        o sin prisa ni pausa
he conquistado para siempre un sitio
        a la izquierda del cero
El absoluto cero   el más rotundo
        irremontable   resbaloso cero
Obtuve un buen lugar en la otra fila
        junto a los emigrantes expulsados
de la posteridad
        Y ésta es la historia

Job 18:2

¿Cuándo terminaréis con las palabras?
Nos pregunta
en el Libro de Job
Dios—o su escriba.

        Y seguimos puliendo, desgastando
        una idioma ya seco;

experimentos
—tecnológicamente deleznables—

in it the years are prostrate
you would say
that it has never stirred from its place
proud and invulnerable to metaphor
"watchman of the city"
"sentinel"
"witness"
or ancestor of all that is motionless /   [A.R.]

A self-analysis

I have committed a mortal sin—
and worst of all
I can't tell which.   [G.McW.]

Vainglory or praise in one's own mouth

With some push   and shove   tirelessly
or without any halt or hurry
I have won a place forever
a little to the left of zero
Absolute zero   the roundest
most slippery   insurmountable zero
I acquired a fine place in the other queue
next to the emigrants expelled
from posterity   And this
is history   [G.McW.]

Job 18:2

When will you ever have done with words?
We are asked that
in the Book of Job
by God—or his scribe.

And we go on refining, wearing out
a language, already dried-up;

tests
—technologically unsound—

para que brote el agua
en el desierto

Copos de nieve sobre Wivenhoe

Entrecruzados
                caen
se aglomeran
                y un segundo después
se han dispersado
                Caen y dejan caer
a la caída
Inmateriales
                astros
intangibles
                Infinitos
planetas en desplome

Tierra

La honda tierra es
la suma de los muertos.
Carne unánime
de las generaciones consumidas.

Pisamos huesos,
sangre seca,
        heridas,
invisibles heridas.

El polvo
que nos mancha la cara
        es el vestigio
de un incesante crimen.

Rondó 1902

Calles de niebla y longitud de olvido
Tibia tiniebla en donde todo ha sido
verdor salobre y avidez impune

to make water gush
from the desert.   [G.McW.]

Flakes of snow on Wivenhoe

Interwoven
                they fall
cling together
                and a second later
they have all gone
                They fall and wilt
in their falling
Insubstantial
                intangible
stars
        Infinite
planets in collapse   [A.R.]

Earth

        The deep earth is
    the sum of all the dead.
        One whole flesh
    of the consumed generations.

        We step on bones,
    dried blood,
            wounds,
    invisible wounds.

        The dust
    which grimes our faces
        is the evidence
    of a recurring crime.   [A.R.]

Rondeau 1902

Foggy streets at the longitude of lost memory
Tepid twilight where all used to be
ripe greenery and unrequited longing

Hora de cobre que al partir reúne
calles de niebla y longitud de olvido
tibia tiniebla en donde todo ha sido
verdor salobre y avidez impune

Los fantasmas de Tottenham Court Road

Los ruidos
las maderas
los silencios
repentinos del alba . . .
Todo era
propicio a su regreso.

Se asomaron,
se vieron entre sí
transparentándose
—y se fueron muy tristes
al encontrarlo todo tan cambiado.

Goethe: Gedichte

Orbes de música verbal
silenciados
por mi ignorancia del idioma

No me preguntes como pasa el tiempo

En el polvo del mundo se pierden ya mis huellas;
me alejo sin cesar.
No me preguntes como pasa el tiempo.

Liu Kiu Ling

A nuestra antigua casa llega el invierno
y cruzan por el aire las bandadas que emigran.
Luego renacerá la primavera,
revivirán las flores que sembraste.
Pero nosotros
ya nunca más veremos
ese dulce paraje que fue nuestro.

The brazen hour in slipping off rejoins
foggy streets at the longitude of lost memory
tepid twilight where all used to be
ripe greenery and unrequited longing   [G.McW.]

The ghosts of Tottenham Court Road

The sounds
the creaking beams
the sudden
silences at dawn . . .

Everything was
propitious for their reappearing.

They leaned out,
stared at one another,
growing more transparent—
and drifted on, saddened so
at finding everything so changed.   [G.McW.]

Goethe: Gedichte

Spheres of verbal music
stilled
by my ignorance of the language   [A.R.]

Don't ask me how the time goes by

My footsteps are lost in the dust of the world;
ceaselessly I move on my way.
Don't ask me how the time goes by.

Liu Kiu Ling

Winter comes to our old house
and flocks of migrating birds move across the air.
Later, spring will be born again,
the flowers you sowed there will come to life.
But we,
we shall never know again
that sweet repose which was ours together.   [A.R.]

Île Saint-Louis

Desde el balcón
el Pont de la Tournelle

Una muchacha se detiene y mira

Fluye el Sena
Desgarrado un instante por la isla
corre al encuentro de sus mismas aguas

Aguas de musgo verde
verdes aguas
con el verdor
de miles de veranos

La muchacha se aleja
se extravía
se pierde de mis ojos
para siempre

Arde la misma rosa en cada rosa
El agua es simultánea y sucesiva
El futuro ha pasado
El tiempo nace
de alguna eternidad que se deshiela

Mosquitos

Nacen en los pantanos del insomnio.
Son negrura viscosa que aletea.
Vampiritos inermes,
sublibélulas,
caballitos de pica
del demonio

Los cangrejos

En la costa se afirma que los cangrejos
son animales hechizados
y seres incapaces de volverse
para mirar sus pasos.

Île Saint-Louis

From the balcony
the Pont de la Tournelle

A young girl pauses and gazes

The Seine keeps flowing
Parted for a moment by the island
it rushes to the meeting with its own waters

Waters of green moss
green waters
with the greenness
of thousands of summers

The girl goes into the distance
strays away
loses herself from my eyes
for ever

In every rose the same rose is on fire
The water is simultaneous and successive
The future has passed
Time is born
from some eternity still thawing out   [A.R.]

Mosquitoes

They are born in the swamps of sleeplessness.
They are a viscous blackness which wings about.
Little frail vampires,
miniature dragonflies,
small picadors
with the devil's own sting.   [A.R.]

The crabs

On the coast they maintain that crabs
are animals bewitched,
being incapable of turning back
to see their own clawmarks.

De las tercas mareas aprendieron
la virtud del repliegue,
el ocultarse
entre rocas y limo.

Caminantes oblicuos
en la tenacidad de sus dos pinzas
sujetan el vacío que penetran
sus ojillos feroces como cuernos.

Nómades en el fango o habitantes
en dos exilios:
extranjeros
ante los pobladores de las aguas
y ante los animales de la tierra.

Trepadores nocturnos,
armaduras errantes,
hoscos y eternamente fugitivos
que van rehuyendo la inmortalidad
en imposibles círculos cuadrados.

El espejo de los enigmas: los monos

Cuando el mono te clava la mirada
estremece pensar
si no seremos
su espejito irrisorio
y sus bufones.

Indagación en torno del murciélago

Los murciélagos no saben una palabra de su prestigio literario.

Con respecto a la sangre, les gusta la indefensa de las vacas: útiles
señoronas incapaces de hacer un collar de ajos, blandir un crucifijo
que los aterre o clavarles una estaca en el pecho;

pues tan sólo responden a la broma sangrienta, al beso impuro
(transmisor de la rabia y el derrengue, capaz de aniquilar al
matriarcado)

From the obstinate tides they learned
the virtues of withdrawing,
of concealing themselves
between rocks and slime.

Sideways walkers,
with the ferocity of their twin claws,
they tame the void which they pierce
with their stalk-eyes, fierce as horns.

Nomads of the mud or inhabitants
of a double exile—
foreigners
compared to the populators of the water,
compared to the animals of the land.

Nocturnal mountaineers,
wandering skeletons,
sullen and forever furtive,
who keep avoiding immortality
in impossible square-shaped circles.   [A.R.]

Looking glass of enigmas: the monkeys

When the monkey nails you with a look,
it's shuddering to think
we might be
its jibbering mirror,
full of foolish antics.   [G.McW.]

An inquiry into the bat

Bats haven't heard a word about their literary reputations.

In this business of blood, they enjoy the defenselessness of the cow—
handy great matrons, incapable of stringing together a garlic
necklace, brandishing the crucifix, or driving a stake through the
breast of anything—

for they only react to the bloody joke, that kiss (smitten with rabies,
and enough hoof rot to eradicate the matriarchy)

mediante algún pasivo coletazo que ya no asusta ni siquiera a los
   tábanos.

Venganza por venganza, los dueños del ganado se divierten crucificando
   al bebedor como si fuera una huraña mariposa excesiva.

El murciélago acepta su martirio y sacraliza el acto de fumar el cigarrillo
   que indecorosamente cuelgan de su hocico, y en vano trata de hacer
   creer a sus perseguidores que han mojado sus labios con vinagre.

Oí opinar con suficiencia que el murciélago es un ratón alado, un
   deforme, un monstruito, un mosquito aberrante, como aquellos
   hormigas un poco anómalas que rompen a volar anunciando las
   lluvias.

Algo sé de vampiros, aunque ignoro todo lo referente a los murciélagos.
   (La pereza me impide comprobar su renombre en cualquier
   diccionario.)

Obviamente mamífero, prefiero imaginarlo como un reptil neolítico
   hechizado, detenido en el tránsito de las escamas al plumaje, en
   su ya inútil voluntad de convertirse en ave.

Por supuesto es un ángel caído y ha prestado sus alas y su traje (de
   carnaval) a todos los demonios.

Cegatón, odia al sol. Y la melancolía es el rasgo que define su
   espíritu.

Arracimado habita las cavernas (rumor rasante de su vuelo en tinieblas
   y hace mucho conoce los deleites e infiernos de ser un rostro
   anónimo en la masa.

Es probable que sufra de aquel mal llamado por los teólogos *acidia.*

—tanto ocio engendra hasta el nihilismo—y no parece ilógico que gaste
   sus mañanas meditando en la profunda vacuidad del mundo,

espumando su cólera, su *rabia* ante lo que hemos hecho de su especie.

Ermitaño perpetuo, vive y muere de pie y hace de cada cueva su tebaida.

with an idle flick of the tail that wouldn't scare a horsefly.

Eye for an eye, the ranchers divert themselves by crucifying the little
guzzler as if it were one dodgy butterfly too many.

The bat puts up with its martyrdom, and this mockery of smoking the
cigarette they dangle unceremoniously from its snout, and without
a hope in hell tries to trick its persecutors into believing they have
wetted his lips with vinegar.

I heard it claimed often enough that the bat is a mouse on wings, a
gimp, a midget monster, a mutant mosquito like those fairly
peculiar ants that break out in wings as soon as the rains hit.

I know a bit about vampires, but nothing as regards bats (bone laziness
keeps me from checking out their credentials in some sort of
dictionary).

It's a mammal, clear enough. I like to think of it as some hexed
prehistoric lizard, stuck somewhere along the line between scales
and feathers in this useless bid to turn into a bird.

It has to be a fallen angel that's loaned out its wings and suit (fancy
dress, naturally) to all the imps in hell.

It's shortsighted so it shuns the sun and has this soul shot through
with gloom.

It lives, hung like clumps of furry fruit in caves (the razor screech of
that mob-flight in the murk) ; this long time now it's known the
rock bottoms and highs of being just a blur, one more face sucked
up in the masses.

Probably, the bat's afflicted with that sickness theologians used to
call *accidie.*

—idleness that bad hinges on nihilism—and it wouldn't be illogical to
suspect a bat hangs around all morning, brooding on the
downright emptiness of things,

rabid with rage and foaming at the muzzle as it vents this blind anger
at what we've done to bats.

It lives and dies on its feet, a permanent recluse, making every cave
it owns a hermitage.

Así, lo confinamos en el mal porque comparte la fealdad viscosa, el
egoísmo y vampirismo humanos. Recuerda nuestro origen
cavernario y tiene una espantosa sed de sangre.
No quiere ver las luz: sabe que un día
hará arder en cenizas la caverna.

Dificultades para decir la verdad

Practican el amor debidamente
Hacen versos de fuego y los envían
a sus dulces amigas del convento

Y cuando el Santo Oficio los sorprende
hablan de La Levitación
y la Unión Mística
entre Cristo y la Iglesia

Tratado de la desesperación: los peces

Siempre medita el agua del acuario
piensa en el pez salobre
                              y en su vuelo
reptante
breves alas de silencio
el entrañado en penetrables / líquidos
pasadizos de azogue
                        en donde hiende
su sentencia de tigre
                              su condena
a claridad perpetua
                        o ironía
de manantiales muertos tras dormidas
corrientes de otra luz
                        claridad inmóvil
aguas eternamente traicionadas
o cercenado río sin cólera
que al pensar sólo piensa en el que piensa
cómo hundirse en el aire

So we file it away under *black and evil,* detesting it for this
bloodsucking, self-centered, slimy hanger-on, human streak it
shares—keepsake from our cave days and fearsome thirst for the
jugular.

It doesn't like to look at the light: one day it knows it will scorch its
cave white, to ashes.   [G.McW.]

The difficulty in speaking the truth

They duly practice love,
put pen to fiery verses and send them
to their sweethearts at the convent.

And when the Holy Office takes them,
by surprise, they talk tenderly
of the Levitation and Mystical Union
between Christ and his Church.   [G.McW.]

A treatise on despair: fish

The aquarium water is always meditative
it thinks of the sea fish
                                and of its sudden flights
in fits and starts
brief wings of silence
the nosing into penetrable / liquid
quicksilver corridors
                                in which it divides
its tiger's fate
                        its sentence
to perpetual clarity
                        or the irony
of dead fountains behind sleeping
currents of other light
                                a motionless clarity
water forever betrayed into stillness
or a dwindling river free of rage
which in thinking thinks only of that which thinks
of how to sink in air

                              sus voraces
arenales de asfixia
                    ir hasta el fondo
del numeroso oleaje que rodea
su neutra soledad
                    por todas partes

Escorpiones

El escorpión atrae a su pareja
y aferrados de las pinzas se observan
durante un hosco día o una noche
anterior a su extraña cópula
y el término
del encuentro nupcial:
sucumbe el macho
y es devorado por la hembra
—la cual (dijo el Predicador)
es más amarga que la muerte.

            its gulping
quicksands of asphyxia
                    to go to the bottom
of the manifold wave-beat which surrounds
its neutral solitude
                    on all sides   [A.R.]

Scorpions

The scorpion attracts its mate
and, pincers locked together, they gaze
at one another for one gloomy day
or night before their curious coupling
and the conclusion
of the nuptial encounter:
the male succumbs
and is devoured in his turn by the female
—which (said the Preacher)
is bitterer by far than death.   [A.R.]

IRÁS Y NO VOLVERÁS
[1969–1972]

Ni el agua que transcurre torna a su manantial
Ni la flor desprendida de su tallo
Vuelve jamás al árbol que la dejó caer.

Li Po

Idilio

Con aire de fatiga entraba el mar
en el desfiladero
                    El viento helado
dispersaba la nieve en las montañas
Y tú
        parecías un poco de primavera
anticipo
            de la vida bullente bajo los hielos
calor
        para la tierra muerta
cauterio
            de su corteza ensangrentada

Me enseñaste los nombres de las aves
la edad
        de los pinos inconsolables
la hora
        en que suben y bajan las mareas

En la diafanidad de la mañana
se borraban las penas
                        la nostalgia
del extranjero
                el rumor
de guerras y desastres

El mundo
            volvía a ser un jardín

AND SO YOU GO,
NEVER TO COME BACK
[1969–1972]

Neither the running water returns to its source
Nor the flower fallen from its stem
To the tree that let it fall.

Li Po

Idyl

With a tired breath the sea was entering
the narrows
            The cold wind
scattered snow on the mountains
And you
            appeared   a small part of spring
portend
            of life beating   under the ice floes
new heat
            for the dead earth
a balm
        for its bloody crust

You taught me the names of birds
the age
        of the inconsolable pines
the times
            when the tides climb and turn

In the transparency of morning
all pain was washed away
                        the longing
of the stranger
                the rumors
of war and disaster

The world was restored
                    a garden once again

que repoblaban
                los primeros fantasmas
una página en blanco
                    una vasija
en donde sólo cupo
                aquel instante
El mar latía
        En tus ojos
se anulaban los siglos
                la miseria
que llamamos historia
                el horror
que agazapa su insidia en el futuro
Y el viento
            era otra vez la libertad
que el hombre
ha intentado apresar en las banderas

Como un tañido funerario entró
hasta el bosque un olor de muerte
Las aguas
            se mancharon de lodo y de veneno
Y los guardias
            llegaron a ahuyentarnos
porque sin darnos cuenta pisábamos
el terreno prohibido
                de la fábrica atroz
en que elaboran
            defoliador y gas paralizante

Marea baja

Como los peces muertos que la marea abandona
el reflujo
de la memoria saca a la podredumbre
lugares rostros fechas voces aromas

Su resplandor se vuelve opacidad
El pasado

repopulated
                with the   first ghosts
of man   a bare page
                        a vessel
which held
                only that instant

The sea pulsed
                In your eyes
the centuries were annulled
                        the misery
we call history
                the horror
that steals in   plucking away the future
And the wind
                was once more that freedom
we have sought
to suffocate in flags

Like a funereal strain the smell
of death permeated the woods
Poison
        and mud smeared the waters
And the guards
                came to rout us
for unknowingly we had trespassed
the forbidden grounds
                        of the atrocious factory
where they develop
                defoliant and paralyzing gas
                                        [G.McW.]

Low tide

Like the dead fish which the tide abandons
the ebb
of memory dredges up its rot
of places faces   dates aromas voices

Its splendor darkens
The past

es un acuario
una prisión de fantasmas

El Estrecho de Georgia

El bosque frente al mar
    Arriba un águila
en la punta del pino
    Era el crepúsculo
El sol se hundió
    en la isla de Vancouver

Acaso fue el Aztlán de los mexicas
    De allí partieron siete tribus
y una
    fundó el imperio azteca

De Aztlán solo quedaron ciertos nombres
    sembrados en la costa
como piedras

El águila fue hallada en la maleza
    no heráldica
no ardiendo en el crepúsculo
    En descomposición

Se alimentó de peces
    que envenenaron pesticidas basura
desechos industriales

Sobre Vancouver ya no vuelan águilas
    Hoy la gente
ve monstruos en la playa

Los aztecas creyeron que el Dios Sol
    noche a noche
moría en forma de águila
    viajaba por la Tierra de los Muertos
para reaparecer al día siguiente
    [fortalecido por la sangre humana]
como jaguar a la mitad del cielo

Los indios de Vancouver habitan
    en The Musqueam Reserve

is an aquarium
a prisonhouse of specters   [G.McW.]

The Georgia Strait

The forest facing the sea
    An eagle high up
on the top of a conifer
    It was dusk
On Vancouver Island
    the sun sank

Perhaps it was the Aztlán of the Mexicans
    From there seven tribes set out
and one
    founded the Aztec empire

Of Aztlán only certain names remain
    planted along the coast
like stones

The eagle was discovered in the bush
    not heraldic
not blazing with light in the dusk
    Decomposing

It preyed on fish
    poisoned by pesticide   garbage
industrial waste

Eagles no longer cruise over Vancouver
    Today the people
watch leviathans of iron on the beach

The Aztecs believed that night
    upon night the Sun God
died into the form of an eagle
    and journeyed through the Land of the Dead
to reascend the second day
    [fortified with human blood]
like a jaguar into the center of the sky

The Vancouver Indians live
    on the Musqueam Reserve

donde el Fraser entrega el agua dulce
        de la montaña al mar
que abre las alas

El Estrecho de Georgia une y separa
        de tierra firme a Aztlán
el paraíso azteca que está muerto
        como Tenochtitlán
la ciudad del ombligo de la luna

En The Musqueam Reserve
        hay tres campos de golf
Los antiguos señores de la tierra
        cargan los utensilios deportivos
de los monstruos marinos

El águila desciende
        y el jaguar
¿ha bebido la sangre de la noche?

The New English Bible

Y cuando han terminado de amarse
furtiva y un poco tristemente
        él se encuentra
en hotel barato de una noche
        la Biblia
dejada allí
por misioneros de una Iglesia sin rostro

Busca algunos versículos   recuerda
su distinto sonido en otro idioma
Emptiness, emptiness, says the Speaker.

Emptiness, emptiness, all is empty . . .
Charm is a delusion and beauty fleeting . . .
Why should the sufferer be born to see the light?
Why is life given to men who find it so bitter?

For we ourselves are of yesterday
        and are transient;
our days on earth are a shadow . . .

where the Fraser River spills fresh water
from the mountains into the sea
then spreads wing into the long plumage of waves

The Georgia Strait joins and separates
Aztlán from solid ground
the Aztec paradise which is extinct
like Tenochtitlán
city at the umbilicus of the moon

On the Musqueam Reserve
there are three golf courses
The old lords of the earth
caddy the sports utensils
of sea monsters

The eagle spirals down
and the jaguar
has it drained the blood of night?   [G.McW.]

The New English Bible

And when they have finished making love
furtively and a little sadly
in a cheap overnight hotel
he finds
the Bible
left there
by missionaries of a nameless church.

He looks up some verses   remembers
their distinct sound in that older, unforgiving tongue
Emptiness, emptiness, says the Speaker.

Emptiness, emptiness, all is empty . . .
Charm is a delusion and beauty fleeting . . .
Why should the sufferer be born to see the light?
Why is life given to men who find it so bitter?

For we ourselves are of yesterday
and are transient
our days on earth are a shadow . . .

Y sin embargo
este reino de ceniza y de llanto
Let us praise your love more than wine,
and your caresses more than any song . . .

How beautiful you are, my dearest, how beautiful.
The curves of your thighs are like jewels . . .
and your breasts are as clusters of dates.

En pleno Apocalipsis aún resuena
el eco de un deseo tan hondo
como para sobrevivir miles de años.

Fuerte como la muerte es el amor
y la pasión, tan cruel como el sepulcro.

Adiós, Canada

El olor de madera mojada
La playa en la mañana y sus troncos
La arena gris que en el volcán ha sido llama y
    catástrofe
El sol de niebla
La montaña de musgo
Islas y su alarmada población de gaviotas
El peso de la nieve que hace visible la caída del
    tiempo
Un jardín de cristal bajo los fuegos de la lluvia
    nocturna
serán acaso en la memoria tu olvido
un arcón de marchitas postales
y mapas que se rompen de viejos
necia basura que roba el aire a la existencia: el
    recuerdo
Pero tu nombre tendrá el rostro o la sombra
de esa muchacha a la que dije adiós para siempre

José Luis Cuevas hace un autorretrato

Aquí me miro ajeno
          Me desdoblo

And nevertheless
in this kingdom of tears and ashes
Let us praise your love more than wine
and your caresses more than any song . . .

How beautiful you are, my dearest, how beautiful.
The curves of your thighs are like jewels . . .
and your breasts are as clusters of dates.

Even in mid-Apocalypse
the sound of that strange desire echoes so fiercely
it outlives a thousand years

Strong as death is love
and passion, and cruel as the grave.   [G.McW.]

Goodbye, Canada

Smell of wet wood
The beach at morning with its logs
Grey sand which was bled as flame and catastrophe
        from the volcano
Mist garlanding the sun
The musky mountain
Islands and their startled colonies of gulls
The weight of snow which makes visible the fall of time
A glass garden beneath the fires of nocturnal rain
        perhaps
they will be your blank hole in the memory
a trunk of withered postcards
and maps rotting at the seams
idiotic garbage which steals the breath from existence:
        memory
But your name will bear the face and the shadow
of that girl I bade goodbye to, forever   [G.McW.]

José Luis Cuevas: a self-portrait

Here I am studying myself from the outside
                    I spread myself out

para mirarme como miro a otro
Lentamente mis ojos desde dentro
miran con otros ojos la mirada
que se traduce en líneas y en espacios

Mi desolado tema es ver
                        qué hace la vida
con la materia humana
                        Cómo el tiempo
que es invisible
                va encarnando espeso
y escribiendo su historia inapelable
en la página blanca que es el rostro

El rostro toma
la forma de la vida que lo contiene
y su caligrafía son mis rasgos
Si mi cara es ajena
                ¿son los otros
mi verdadero rostro?
Los ojos que contemplo
                        ¿son los ojos
de quién
        —mi semejante   mi enemigo?

Al mirarme y pintarme
                me convierto
en teatro de un combate interminable
(No me estoy pintando
con mis manos me pinta la pintura)

En este instante
                yo soy la humanidad
y por mí pasa
toda su historia ciega
                        a contemplarme

Describir su pasaje
                no es tan sólo
detener el momento sin retorno
pues cuando avanzo del pasado vuelvo

to stare at me as I would at someone else
With that someone else's eyes slowly
from within I study the gaze
which is translated into line and space

My solitary subject matter is to look at
                                        what life does
with human stuff
                        How time
which is invisible
                        becomes solid flesh
its inarticulate history scrawled
across the bare page which is the face

This face takes
its shape from the life that contains it
and my features are its calligraphy
If now my face no longer belongs to me
                                        are those others'
my true features?
The eyes I contemplate
                        whose
are they
                —my equal's   my enemy's?

The study of the self   the self-portrait
                                        turns
me into a theater of interminable struggle
(I am not painting myself
the painting is painting me into it with my own hand)

In this instant
                        I am humanity
and through me passes
all its blind history
                        to dwell on my face

Describing its passage
                        is not meant
solely to forestall the irreversible moment
but my moving on from the past turning it back

de un futuro sin rostro
que hoy asume
el fluir de los rasgos de mi cara

Estudio

En el mantel a cuadros
la manzana

semejante a sí misma

Veracruz

Desde su orilla me está mirando el mar

Cuentas claras
rinden las olas que al nacer agonizan

Y el sol vive de ahogarse en su violencia

Nuevamente

Mansa presencia de la muerte
el oleaje
que se pone a tus pies

Allí los hombres
arrastran por la arena
redes de asfixia

Todo en el mar es muerte
Sólo vive
esta gaviota inevitable
la misma
que vio el naufragio del prudente Odiseo

from a future without feature
                              which today assumes
its flow through the lines of my face   [G.McW.]

A study

Quartered on the tablecloth
an apple

perfect copy of itself   [G.McW.]

Veracruz

From its shore the sea is watching me

Breaching in the agony of birth
waves give clear accounts of it

And the sun survives by drowning in its violence
                                             [G.McW.]

Once again

Tame presence of death
in the swell
that sinks beneath your feet

There men
drag nets of asphyxia
through the sand

Everything in the sea is death
This inevitable
gull is the only thing that lives
the same
that witnessed the shipwreck of prudent Odysseus
                                             [G.McW.]

Oda

Baja la primavera al aire nuestro
Invade
con sus plenos poderes al invierno
Todo lo redescubre e ilumina
Brota del mar
Es Dios o su emisario

Tacubaya, 1949

Allá en el fondo de la vieja infancia
eran los árboles
el simulacro de río
la casa tras la huerta
el sol de viento
que calcinó los años
Un desierto
que hoy se sigue llamando Tacubaya

Nada quedó
También en la memoria
la ruinas dejan sitio
a nuevas ruinas

Siempre Heráclito

El viento pasa y al pasar se desdice
se lleva el tiempo y desdibuja el mundo

Somos la piedra a la mitad del torrente
Siempre igual y distinta a cada segundo

pulida por las insaciables aguas del cambio

Transfiguraciones

Mundo sin sol
lavado por la lluvia

La luz recobra el aire

Ode

Spring slips through our air
    With full
force it invades winter
Rediscovers and brightens all
    Budding from the sea
is it God or his harbinger   [G.McW.]

Tacubaya, 1949

At the bottom of that ancient childhood
there stood the trees
        the simulacrum of a river
a house behind the orchard
        the wind-blown sun
that seared all the years
      A desert
which even today they call Tacubaya

Of this nothing stayed on
       In the memory too
ruins make room
      for newer ruins   [G.McW.]

Always Heraclitus

The wind slips by and in passing contradicts itself
like time it weathers yet shapes the earth

We are the stone in the middle of the torrent
Always the same and different every second

polished by the insatiable waters of change   [G.McW.]

Transfigurations

A sunless world
washed by rain

Light restores the air

— 93 —

Es transparencia

Un minuto se enciende
—y cae la noche

Niagara Falls

Para matar las horas
déjalas que se embistan y se aneguen
y luego se despeñen y destrocen

El agua siente el paso de las horas
La hora siente el peso de las aguas

Y de su muerte nacen otras
olas
Muda marea del tiempo
Catarata

A la que murió en el mar

El tiempo *que destruye todas las cosas*
ya nada puede contra tu hermosura
muchacha

Ya tienes para siempre ventidós años
Ya eres peces
                corales
                        musgo marino
las olas que iluminan la tierra entera

Primera comunión

La Eucaristía dejó su aguijoncito
bastante immune a los racionalismos
¿Habrá muerto tu alma allá en ti mismo?
O a lo mejor
              de pronto
                        cuando mueras
saldrá volando de entre tu carroña
como una palomita

to its transparency

One moment flares
and—nightfall   [G.McW.]

Niagara Falls

To annihilate the hours
let them gush and butt
then plunge right down and shatter

The water feels the heavy tread of the hours
The hours the weight of water

From the death of waves
spawn others
Mute tide of time
Cataract   [G.McW.]

To a girl who died in the sea

Now time which ruins all
cannot touch your beauty
girl

Now you are always twenty-one
Now you are fish
                    coral
                        seaweed
the waves that brighten the wide world   [G.McW.]

First communion

The Eucharist   its little injection left you
substantially immune to rationalizations
But still   will the soul be dead there deep inside you?
Or at best
            as soon
                    as you die
will it rev up out of your rib cage
like a dove?   [G.McW.]

— 95 —

Contraelegía

Mi único tema es lo que ya no está
Y mi obsesión se llama lo perdido
Mi punzante estribillo es *nunca más*
Y sin embargo amo este cambio perpetuo
este variar segundo tras segundo
porque sin él
lo que llamamos vida
sería de piedra

Parque España

El surtidor se vuelve una columna del aire
        pero la tierra llama
y el agua
        vuelve a su semejanza

Otro poco
        de la fuente alza el vuelo

        Babel erguida en su imposible cohesión
        de nuevo torre
que *a su gran pesadumbre se rinde*

Amanecer en Buenos Aires

Rompe la luz el azul celeste
Amanece en la Plaza San Martín
En cada flor hay esquirlas de cielo

Gato

Ven
acércate más
Eres mi *oportunidad*
de acariciar al tigre
—y de citar a Baudelaire

Counter-elegy

My only theme is what no longer exists
And is the name of my obsession
My piercing cry is *nevermore*
And still I love this perpetual change
this shifting from second to second
because without it
what we call life
would be stone   [T.H.]

Parque España

The fountain becomes a column of air
        but the earth summons
and water
        returns to its likeness

A little more
        of the fountain takes flight

        Babel erected into the impossible cohesion
        of a new tower
which *under its own great weight gives in*   [G.McW.]

Dawn in Buenos Aires

Light breaks the celestial blue
It dawns in the Plaza San Martin
In every flower there are splinters of sky   [T.H.]

Cat

Come
Get closer
You are *my chance*
to stroke the tiger
and quote a sleek line from Baudelaire   [G.McW.]

Sucesión

Aunque renazca el sol
los días no vuelven

Irás y no volverás

Sitio de aquellos cuentos infantiles
eres la tierra entera
A todas partes
vamos a no volver
Estamos por vez última
en dondequiera

Escrito con tinta roja

La poesía es la sombra de la memoria
pero será materia del olvido
No la estela erigida en plena selva
para durar entre sus currupciones
sino la hierba que estremece el prado
por un instante
y luego es polvo
brizna
menos que nada ante el eterno viento

Un pavo real visto por Montes de Oca

En el vago jardín rubendariano
con soberbia despliega sus vitrales
Y en la fuente de musgo
lanza un grito
de pavor
porque el agua no refleja
su pavoirrealidad

El búho

El ojo inmóvil
pez de tierra firme

Succession

The sun springs up as young as before
but never the days that are gone   [G.McW.]

And so you go, never to come back

    Land of those childhood stories
    you are the whole world
    Everywhere
    we go never to come back
    For the last time we are
    wherever we are   [G.McW.]

Written in red ink

Poetry   the shadow of memory
becomes the substance of forgetting
No Mayan calendar stone raised in the deep jungle
to outlast its overgrowth
but the grass which stammers
Green syllables
for an instant on the lawn
then gone
Blades under the blades of steel   [G.McW.]

A peacock as seen by Montes de Oca

    In this hazy garden like Rubén Darío's
    it unfurls its fan with pride
    And on the mossy fountain
    lets out a cry
    of shock
    because the water does not reflect
    its peacock-irreality   [G.McW.]

The owl

Motionless eye
like a dryland fish

irradiando en la noche su fijeza
la garra desasida para el vuelo
las uñas que se adentran en la carne
el pico en punta para el desgarramiento

¿De cuál sabiduría puede ser símbolo
sino de la rapiña
                el crimen
                    el desprecio
Todo lo que hizo tu venerada gloria
Occidente?

Pez

Para la red
           para el arpón
                  naciste
Para anzuelos
           asfixias
                y sartenes
Inficionamos por usura tu mar
Ahora te haces justicia
           envenenándonos

Le nouvel mythe de Sisyphe

Respira hondo
Ya
Bueno
ahora empuja
como hombre
con fibra
sin desmayo
tu granito de arena

Y cuando al fin
te encuentres en la cima
y lo veas que rueda cuestabajo
dedícate a buscarlo una y mil veces
en la pluralidad de este desierto

beaming steadfast through the dark
talon loosened for the flight
claws to dig into the meat—
hooked beak for ripping same to bits

What can it be symbol of
but pillage
   lawlessness
      and scorn
All that made its glory something to revere
The Western World?   [G.McW.]

Fish

 The net
   the harpoon
   you were made for these
for lures
   asphyxia
   and frying pans
For pure profit we have tainted your seas
Now you exact justice
   recontaminating us   [G.McW.]

New Sisyphus

Breathe deep
There
Good
now push
your grain of sand
like a man
with backbone
No staggering

And when you find
at last you're at the summit
and you see it roll downhill
set to searching it out a thousand and one times
in the multiplicity of this desert   [G.McW.]

Contaminaciones

El smog   el tobaco   el hexaclorofeno
el agua emponzoñada que te va corroyendo
son la vida que pasa en forma de veneno
y siempre te recuerda:

> *vivir es ir muriendo*

"Donde los muertos se convierten en dioses"

Llueve en Teotihuacán
Sólo la lluvia
ha descifrado a esta ciudad
de muerte

Blasfemias de don Juan en los infiernos

Dios que castigas la fornicación
¿ por qué no haces el experimento?

Las manos

Viéndolo bien
son monstruosas las manos
y su extraño pulgar
[rencoroso
servidor de los otros cuatro]
Pobre bufón que ignora su pasado
Gracias a él
[o por culpa suya]
hemos hecho la historia

Contra la Kodak

Cosa terrible es la fotografía
Pensar que en estos objetos cuadrangulares
yace un instante de 1959
Rostros que ya no son

Contaminations

The smog   the tobacco   the hexachlorophene
the polluted water that runs by corroding
you is life which passes like a draft of poison
and always, it reminds you
>   *to live is to persist in perishing*
>   [G.McW.]

"Where the dead grow into gods"

> In Teotihuacán it rains
> The fingers of rain alone
> have deciphered this city
> of death   [G.McW.]

Blasphemy of Don Juan in the flames of hell

> God, who thus punisheth fornication—
> why not try it?   [G.McW.]

The hands

> Looked at closely
> the hands are gargantuan
> and that strange thumb
> [grouchy
> servant to the other four fingers]
> Poor fool who forgets his past
> Thanks to him
> [or all because of him]
> we have manufactured history   [G.McW.]

Contra Kodak

A snapshot is a terrible thing
Consider how these quadrangular objects
expose an instant in 1959
Faces that are no more

Aire que ya no existe
Porque el tiempo se venga
de quienes rompen el orden natural deteniéndolo
Las fotos se resquebrajan   amarillean
No son la música del pasado
son el estruendo
de las ruinas internas que se desploman
no son el verso
sino el crujido
de nuestra irremediable cacofonía

Arte poética

No tu mano:
la tinta
escribe a ciegas
estas pocas palabras

La lluvia en Copacabana

Como cae la lluvia sobre el mar
a la velocidad en que se desploma
así vamos fluyendo hacia la muerte

De sobremesa, a solas, leo a Vallejo

En el pan huroneado por las hormigas
diminutivamente negrean
sus eficaces sombras

Un mordisco de nada y ya no está
desmantelado en el mantel
tu granito de azúcar

Las silenciosas ciegas van disciplinando
menudamente
la continua erosión del mundo

Como ellas
hemos perdido el habla

Breath that no longer exists
Because time revenges
itself on those who break the natural order by arresting it
Snapshots crack up   they yellow
They are not the music of the past
They are the quaking
of internal ruins that collapse
They are not the rhyme of years
but the creaking
of our own incurable cacophony   [G.McW.]

Ars poetica

Not your hand
but the ink
in its blind darkness
scratches out these few words   [G.McW.]

Rain in Copacabana

As the rain   falls on the sea
at the speed   it tumbles down
so go we   teeming toward death   [G.McW.]

Over the dinner table, alone, I read Vallejo

Through the bread a-hive with ants
diminutively their industrious shadows pass
and blacken it

A bite of sweet damn-all   and no more   it's
already dismantled on the tablecloth
your small grain of sugar

Blind silent beings
methodically they enforce
the continuous erosion of the world

Like them
we have lost the true tongue

y es bajo cuerda
el acabóse

Mar eterno

Digamos que no tiene comienzo el mar
Empieza donde lo hallas por vez primavera
y te sale al encuentro por todas partes

Definición

La Luz: la piel del mundo

En torno de una idea original

En torno de una idea original
arroja su maleza la retórica
su óxido fatigado la repetición
su tormenta de vaho el paso en falso

En torno de una idea original
hay una muchedumbre de lugares comunes
frases mal construidas   expresiones
que no ajustaron con el pensamiento

En torno de una idea original
crece la sombra
y la aridez se agolpa

[Nuevo] Homenaje a la cursilería

Dear, Dear!
Life's exactly what it looks,
Love may triumph in the books,
Not here.
W. H. Auden

Me preguntas por qué de aquellas tardes
en que inventamos el amor
[era otro
el mundo
Allí la primavera

and the last morsel of mortality
let fall   [G.McW.]

The eternal sea

Like sky   let's say it has no origin
Wherever you find it first the sea begins
and going out   it meets you everywhere   [G.McW.]

Definition

Light: the skin of the world   [G.McW.]

Around an original idea

Around an original idea
rhetoric throws up its thicket
its tired old rust of repetition
its storms of hot air   the *faux pas*

Around an original idea
there is a crowd of commonplaces
badly constructed phrases   expressions
which do not adapt to thought

Around an original idea
the shadows grow
and dryness gathers in   [G.McW.]

[Fresh] Homage to things shabby

> Dear, Dear!
> Life's exactly what it looks,
> Love may triumph in the books,
> Not here.
> W. H. Auden

You ask me why   of those smoky afternoons
        when we invented love
        [our world
                was otherwise
        Spring

```
                    lo devoraba todo
          con su lumbre]
no queda
          un solo testimonio
un triste verso
          Y no sé responderte que no quiero
profanar el amor invulnerable
          con oblicuas palabras
con ceniza
          de aquella plenitud
de aquella lumbre
```

Ramón López Velarde camina por Chapultepec

[Noviembre 2, 1920]

Para despedirme de José Carlos Becerra

```
El otoño era la única deidad
Renacía
          preparando la muerte
Sol poniente
          que doraba las hojas secas
Y dijo Homero
               que
como las generaciones de las hojas
son las humanas

Ahora nos vamos
               pero no importa
porque otras hojas
               verdecerán en la misma rama
Contra este triunfo
               de la vida perpetua
no vale nada
               nuestra mísera muerte
Aquí estuvimos
               habitando en los muertos
y seguiremos
               en la carne y la sangre
de los que lleguen
```

           swallowed all there
        in its glow]
     not one bit
              one sad verse   remains
     as evidence
           And I don't know how to answer   I don't wish
     to soil pure love
           with gray words
     with ash
        of that fullness
     that fire   [G.McW.]

Ramón López Velarde walks through Chapultepec Park

[November 2, 1920]

In farewell to José Carlos Becerra

Autumn was the only deity
It returned to life
                 preparing for death
The setting sun
              gilded the dry leaves
Like the generations of leaves
                     are humanity's
so
says Homer

Now we are departing
               but that is no matter
because other leaves
              will flourish on the same green branch
Before this triumph
              of perennial life
our dreary death
              means nothing at all
Here we were
           dwelling among the dead
and we will live on
              in the flesh and blood
of those arriving after   [G.McW.]

ISLAS A LA DERIVA
[1973–1975]

Islas de sílabas a la deriva . . .
Luis Cardoza y Aragón

Para Alejandra y Enrique Florescano

Horas altas

En esta hora fluvial
hoy no es ayer
y aún parece muy lejos la mañana

Hay un azoro múltiple
extrañeza
de estar aquí de ser
en un ahora tan feroz
que ni siquiera tiene fecha

¿Son las últimas horas de este ayer
o el instante en que se abre
otro mañana?

Se me ha perdido el mundo
y no sé cuando
comienza el tiempo
de empezar de nuevo

Vamos a ciegas en la oscuridad
Caminamos a oscuras
en el fuego

Las perfecciones naturales

De las capitanías de la oruga
sabe el rosal
lo que le corresponde

IN THE DRIFT OF THE ISLANDS
[1973–1975]

Islands of syllables, drifting . . .
Luis Cardoza y Aragón

For Alejandra y Enrique Florescano

High time

In this fluvial hour
   today is not the day before   and far
    it looks like   from the next

There is a trepidation
  a strangeness
    at coming here to be
       in such a ferocious here and now
        that doesn't even bear a date

Last hours of this yesterday they are
   the instant when tomorrow
    stands ajar

I've mislaid the world
  I'm not aware of when
   The time begins
    to begin again

Blindly we tread in darkness
  Darkly we walk
   on fire   [G.McW.]

The natural perfections

From the company of caterpillars
  the rosebush gathers
   what lies in store

Silenciosas boquitas
que roen de noche
o bajo la altanera plenitud del gran sol
las perfecciones naturales

Ante ellas no hay belleza
Sólo avidez
sólo necesidad de estar vivas

Y perduran matando
como nosotros

Agua y tierra: paisajes

1

Es la hora imperceptible en que se hace de noche
Y nadie se pregunta cómo se hace la noche
qué materia secreta va erigiendo a la noche

2

Mar
devuelve a la noche
la oscuridad que atraes a tu abismo

3

Llueve
y el mundo se concentra en llover

El agua se ensimisma

La tierra entera se está hundiendo en la lluvia

El mar sigue adelante

Entre tanto guijarro de la orilla
no sabe el mar
en dónde deshacerse

¿Cuando terminará su infernidad
que lo ciñe
a la tierra enemiga
como instrumento de tortura

Quiet little regiments of mouths
    that drill and nibble in the night
        Or under the great sun's towering plenitude
        the natural perfections

There is no beauty before them
    Only avidity
        only the necessity of being alive

And they last long upon the land
    eliminating   like us   [G.McW.]

Water and earth: landscapes

1

It is that imperceptible time when day grows into night
And no one wonders how the night is made
    What secret material goes into the raising up of night

2

Sea
    give back the night
        the dark you draw into your abyss

3

It rains
    and absorbed   the world stares at the rain

The water sinking deep into itself

The whole world drowning in the rain.   [G.McW.]

On goes the sea

Amid so much shingle on the shore
    the sea does not know where
        to break

When will this hell of an internment end
    that binds it
        to its enemy the land
            which like an engine of pure torture

y no lo deja agonizar
no le otorga un minuto de reposo?

Tigre entre la olarasca
de su absoluta impermanencia
Las vueltas
jamás serán iguales
La prisión
es siempre idéntica a sí misma

Y cada ola quisiera ser la última
quedarse congelada
en la boca de sal y arena
que mudamente
la está diciendo siempre
Adelante

El descubrimiento

1

Gran cielo malva y en el fondo azulea
la tierra prometida por los muertos
Será
bosque sólo plantado para cortar madera
y campo de cultivo que alimente
no sus bocas: las nuestras
Pero ante todo el oro
Piedra color de sol que es color de Dios
Y sobre esta piedra
fundaremos la nueva Europa

2

Toda la noche el rumor de pájaros
alas en la salobre oscuridad desplegando
hálito de hojas muertas bosques follajes

Tierra inventada por el mar   Desnuda
la isla para el grito que da el vigía

3

Alta mar que se inclina cuando ofrece a la tierra
el sacrificio de su oleaje

won't permit one roar of anguish
           won't grant one minute of repose?

Tiger   within the clawing swirl
    of your absolute impermanence
        the circles you turn in
            will never be equal
                Always it is the prison cell
                    that's to itself identical

And every wave would wish to be
    the last   caught solidly
        in the maw of salt and sand
            which is always urging
                mutely:
                On   [G.McW.]

The discovery

1

An enormous mallow blue sky and in the deep distance
rising blue the land promised by the dead
            It will be
forest planted solely for the cutting of our wood
a tilled field that feeds
            not their mouths: ours
But before everything else the gold
Stone the color of the sun which is the color of God
            And on this rock
we will build the new Europe

2

All night the noise of birds
wings spreading in the salubrious dark
sweet gusts of air from dead leaves woods foliage

Land that the sea invented   Island
naked to the cry the lookout gives

3

High seas that bow down, offering
their sacrifice of surf to the land

— 115 —

Verde y azul y color de arena
es la ola al romperse
                    En su insaciedad
                    ¿que palabra muda
dice a la playa eternamente la espuma?

Becerillo

Y Cristóbal Colón también lanzó
contra los indios de Santo Domingo
disparos de metralla
                    una jauría
de perros antropófagos
                        Entre sus fauces
centenares murieron
                    Ya la historia
olvidó el episodio
                    Pocos saben
que esta avanzada civilizadora
tuvo su héroe
                    un dogo:
                        Becerillo

                    Colón le dio la paga
                    de tres soldados

Presagio

Se puso el sol
                    Brillaron las montañas
El gran Tlatoani entró en sus aposentos
No pudo descansar
                        Fue hasta las Salas
Negras de su palacio   destinadas
a los estudios mágicos   recinto
de la sabiduría de los padres
Miró el lago
                    jade bajo la noche
y la ciudad
                    llena de luces y canales

Green and blue and the color of sand
is the wave as it breaks
            In its insatiability
            what mute word does the foam speak
everlastingly to the shore?   [G.McW.]

Becerillo

Along with the explosions of grapeshot
Christopher Columbus hurled
                        a pack
of man-eating dogs
against the Indians of Santo Domingo
                        In their jaws
hundreds died
            And history
forgot the episode
            Few people know
that this civilizing troop
had its hero
            a bulldog:
                Becerillo

            Columbus gave him the pay
            of three soldiers   [T.H.]

Omen

The sun set
            The mountains glistened
The Great Tlatoani entered his lodgings
He was unable to rest
                        He went to the Black
Halls of his palace   intended
for studies in magic   province
of the knowledge of the elders
He saw the lake
                like jade below the night
and the city
            full of lights and canals

Y dijo el mensajero "Piden verte   señor
dos pescadores   Encontraron
un ave misteriosa   Es su deseo
que no la mire sino Moctezuma"

Llegaron los dos hombres
con el ave en la red
                    El Gran Tlatoani
observó que en lugar de la cabeza
tenía un espejo
                    En él vio reflejadas
"casas sobre la mar
                    y unos venados
cubiertos de metal
                    grandes sin cuernos"

"Vuelven los dioses"
                    dijo Moctezuma
"Las profecías se cumplen
                    No habrá oro
capaz de refrenarlos
                    Del azteca
quedará sólo el llanto
                    y la memoria"

Ceremonia

De entre los capturados en la Guerra Florida
escogeremos uno
                    Para él serán
las vírgenes del templo
                    la comida sagrada
Todo el honor
que la ciudad de México reserva
a quien es elegido por sus deidades

Y pasados tres meses se vestirá
con la piel de dios vivo
Será el dios mismo
por algunos instantes

And the messenger said "They beg to see you   sir
two fishermen   They found
a mysterious bird   It is their wish
that no one see it except Moctezuma"

The two men arrived
with the bird in a net
                          The Great Tlatoani
noted that in place of a head
it had a mirror
                          In it he saw reflected
"houses over the sea
                          and some large deer
without horns
                          and covered in metal"
"The gods return"
                          said Moctezuma
"Prophecies are fulfilled
                          There will not be gold
enough to restrain them
                          All that will remain of the Aztec
is the weeping
                          and the memory"   [T.H.]

Ceremony

From among the captives of the War of Flowers
we will select one
                          For him the virgins
of the temple will be
                          the sacred meal
All the honor
that the City of Mexico reserves
for one chosen by its deities

After three months he will be dressed
with the skin of a living god
For a few instants
he will become the same god

— 119 —

Más tarde subirá la escalinata
entre el aroma de copal
                              y el lúgubre
sonido de atabales

Hasta que en el remate de la pirámide
le abran el pecho para alimentar
—con la sangre brotada del sacrificio—
al sol que brilla entre los dos volcanes

Piedra

Lo que dice la piedra
sólo la noche puede descifrarlo

Nos mira con su cuerpo todo de ojos
Con su inmovilidad nos desafía
Sabe implacablemente ser permanencia

Ella es el mundo que otros desgarramos

Tulum

Si este silencio hablara
        sus palabras se harían de piedra
Si esta piedra tuviera movimiento
        sería mar
Si estas olas no fueran prisioneras
        serian piedras,
en el observatorio
        Serían hojas
convertidas en llamas circulares

De algún sol en tinieblas
        baja la luz que enciende
a este fragmento de un planeta muerto

Aquí todo lo vivo es extranjero
        y toda reverencia profanación
y sacrilegio todo comentario

Later he will ascend the flight of steps
amid the aroma of copal
                              and the mournful
sound of drums

Until at the pinnacle of the pyramid
they open his breast to nourish
—with the rushing blood of sacrifice—
the sun that shines between two volcanoes   [T.H.]

Stone

Only night can decipher
what the stone says

It looks at us, its body all eyes
It defies us with its immobility;
it knows how to be implacably permanent

It is the world we others have split apart   [T.H.]

Tulum

If this silence could speak
      its words would be stone
If this stone had motion
      it would be the sea
If these waves were not held fast
      they would be stones
spinning in the observatory sky
      They would be leaves
turned into circular flames

Of some twilight sun
      beneath the light that ignites
this fragment of a dead planet

Here everything alive is alien
      all awe a profanation
all comment sacrilege

Porque el aire es sagrado como la muerte
    como el dios
que los muertos veneran en esta ausencia

Y la hierba se prende y prevalece
    sobre la piedra estéril comida por el sol
    —casa de tiempo   padre de los tiempos
    fuego en el que ofrendamos nuestro tiempo

Tulum está de cara al sol
    Es el sol
en otro ordenamiento planetario
    Es núcleo
de otro universo que fundó de piedra

Y circula su sombra por el mar

La sombra que va y vuelve
    hasta mudarse en piedra

Francisco de Terrazas

Su primera pasión fue la extrañeza

¿Quién era en este mundo no europeo ni indio
botín de algunos pocos   infierno en vida
para los derrotados   ruina y promesa
vergel de Europa y desierto de América?

Sintió que por herencia de conquista
era suya esta tierra

Ni azteca ni español: criollo
y por tanto
el primer hombre de una especie nueva

Y halló su identidad en el idioma
que vino con la cruz hecha de espadas

Cuando ardieron los libros de la tribu
quedó en silencio el escenario
    Terrazas

Because the air is sacred as death
          as the god
the dead venerate in this bare place

And on the sterile, sun-scoured stone the grass takes
          and prevails over it
home of time   father of the ages
          gray hearth fire on which we may offer up our own

Tulum sits   face to the sun
          Is the sun
in its other planetary arrangement
          Is the nucleus of that other universe
that laid down everything in stone

And its shadow circles the seas

The shadow that comes and goes
          until plunged into stone   [G.McW.]

Francisco de Terrazas

His first passion was strangeness
In this un-Indian, un-European world what was he
boon to a few   hell on earth
to those he crushed   bright hope and dark destruction
shoot of some old European garden and dry American waste?

He felt this land was his
by right of conquest

Not Aztec not Spaniard: *criollo*
as such
the first man of a new species

He found his identity in the language
that came with a cross made of swords

When the books of the tribe were burned to ashes
the land stood silent
          Terrazas wrote

fundó la otra poesía y escribió
el primer verso del primer soneto:

Dejad las hebras de oro ensortijado . . .

Noche y nieve

Me asomé a la ventana y en lugar de jardín
hallé la noche enteramente constelada de nieve

La nieve hace tangible el silencio
y es el desplome de la luz que se apaga

La nieve no quiere decir nada:
Es sólo una pregunta que deja caer millones de
signos de interrogación sobre el mundo.

La isla

Llegamos a la isla
El otoño
se abría paso en el aire
y en el lago
las hojas encarnadas y amarillas
flotaban como los peces muertos

Solamente
me acompañó a la playa el crepúsculo
Aguas color de mar
piedras basálticas
por todas partes
las infinitas hojas caídas

(La isla y yo éramos
hojas también
y nunca lo supimos)

La rama

De pronto la visión
de la rama desnuda por la ventana

and forged that other poetry with the first words
of the first verse of the first sonnet:

Leave the threads of gold entwined . . . [G.McW.]

The night and the snow

I leaned out my window and instead of the garden
    I found the wide night starry with snow

Snow makes silence tangible
    and is the tumbling down of the light going out

The snow wishes to say nothing:
    It is only a question that lets fall
    millions of interrogation marks across the earth
[G.McW.]

The island

We reached the island
    Autumn
was sweeping through the air
    and on the lake
the yellow brown-bodied leaves
floated like dead fish

    Only the twilight
trekked with me to the beach
    Sea blue waters
    brown basalt stones
    everywhere
the infinite fallen leaves

(The island and I
    we too were leaves
we never recognized) [G.McW.]

The branch

All of a sudden the sight
of a bare branch at the window

— 125 —

Su dibujo crispado se encamina
        arabesco o araña
entre la nieve

Esta caligrafía del invierno
trae la esperanza de un renacimiento
pero nunca será tan bella
        como hoy
su menuda muerte

Savia que hierve inmóvil o duerme
Inscripción en el aire
        nave

Este jardín como mil jardines
pudo ser
        sin saberlo
                el paraíso

Caverna

Es verdad que los muertos tampoco duran
Ni siquiera la muerte permanece
Todo vuelve a ser polvo

Pero la cueva preservó su entierro

Aquí están
alineados
cada uno con su ofrenda
los huesos dueños de una historia secreta

Aquí sabemos a qué sabe la muerte
Aquí sabemos lo que sabe la muerte
La piedra le dió vida a esta muerte
La piedra se hizo lava de muerte

Todo está muerto
En esta cueva ni siquiera vive la muerte

Ciudad maya comida por la selva

De la gran ciudad maya sobreviven
arcos

Its scratchy drawing moves on
        spider or arabesque
through the snow

This winter calligraphy
brings signs of rebirth
but its tiny signatures of death
        will never be lovelier
than today

Sap which boils into immobility or sleeps
Inscribed in air
        the rigging of a sailing ship

This garden
could be
        in all innocence
                                Paradise   [G.McW.]

Cavern

It is true that the dead do not endure
and not even death is permanent
Everything returns to dust

But the cave preserved their burial

Here they are
laid out in rows
each one with its offering
the bones guardian to their unknown history

Here we taste how death tastes
Here we know what death knows
Stone gave life to this death
Stone the lava of death became

Everything is dead
In this cave not even death quickens through them   [T.H.]

A Mayan city swallowed up in jungle

Surviving from the great Mayan city there are
arches

desmanteladas construcciones
vencidas
       por la ferocidad de la maleza
En lo alto el cielo en que se ahogaron sus dioses

Las ruinas tienen
        el color de la arena
Parecen cuevas
        ahondadas en montañas
que ya no existen

De tanta vida que hubo aquí
de tanta
       grandeza derrumbada
sólo perduran
       las pasajeras flores que no cambian

Sor Juana
    es la llama trémula
    en la noche de piedra del virreinato

Insistencia

Hablemos nuevamente de la nieve digamos
su virtud cardinal es el silencio
Sabe nacer con impecable suavidad en la noche
y al despertar la vemos adueñada
de la tierra y los árboles

¿Adónde irá la nieve que hoy te rodea?
La nieve que interminablemente circunda
la casa y la ciudad
      volverá al aire
será agua y nube
      y luego otra vez nieve

Tú no tienes sus virtudes mutantes
y te irás morirás serás tierra
Serás polvo en que baje a apagarse la nieve

their structures dismantled
overpowered
        by the savagery of the undergrowth
The sky where their gods drowned shining high above them

The ruins
      are the color of sand
They appear caves
      sunk into hillsides
that no longer exist

Of so much life here
so much
      toppled grandeur
year to year
      only the passing seasons of the flowers endure

        [G.McW.]

Sor Juana

is the flame flickering
through the stone cold night of the Vice-regency

        [G.McW.]

Insistence

Let's talk about snow once more let's say
its cardinal virtue is that it's quiet
It knows how to be born with impeccable smoothness in the night
and when we wake we see it has claimed
the earth and the trees

The snow that is all around you today, where will it go?
The snow that spins interminably about the city
and the house
      will take off into thin air
again be cloud and water
      then snow once more

You don't have its easy adaptable nature
You'll go on and die and be buried
You will be the clod of earth the snow settles on   [G.McW.]

Rumor

Tenues aguas muro abajo en la noche
Hilo sonoro pero siempre invisible
¿De dónde cae y por qué
sólo fluye de noche?

Fuente oscura en que manan hoscas tinieblas
Corriente prisionera
                               en ti la sombra
vuelve a ser libre

Horseshoe Falls

Nadie resiste fotografiar la catarata, o en el peor caso, arrojar al torrente
unos cuantos versos.

                               Julián Hernández, *Por tierras del norte* (1936)

El agua está cayendo desde la eternidad
Grandes aguas
                               Masas que no se amansan
Estampida
                    de millones de gotas como bisontes
Tonel sin fondo
                               que revienta de cólera
(aunque tal vez esté ya resignado
ya sepa que es perfecto y incomparable)

Lo contemplamos
                               desde todos los ángulos
A la distancia
                    por encima y abajo
En pasadizos
                    tallados
como el mismo cañón
                               en la roca viva

Pero no estamos a su altura
Sus ojos
              no nos permiten verlo
Sólo espuma

Murmur

At night this thin trickling of water down the wall
This ringing thread, always invisible
Where does it fall from and why
does it only flow at night?

Somber cistern from which the sullen dusk seeps down
Captive current
          in you
shadow runs free once more   [G.McW.]

Horseshoe Falls

Nobody can resist taking photographs, or at least tossing a handful of
verses into the current.

                    Julian Hernandez, *Lands to the North* (1936)

The water is tumbling down out of eternity
Vast waters
                Insuppressible masses of it
A stampede
                of millions of drops like bison
Bottomless cask
                  splitting at the ribs with rage
(although it may already be resigned
already sense how perfect and incomparable it is)

We contemplate it
                from every angle
Above and below
                at a distance
From galleries
             carved
like the canyon itself
                out of the living rock

But we are not at a height
to let us
        look it in the eye
of the storm

Sólo estruendo y espuma
y una helada
               salpicadura
con el frío
          del áisberg infinito
que llena el cielo
               los espacios eternos
la noche cósmica
               que al deshelarse
engendra
          a la catarata

El pozo

El método habitual para purificar el agua de los pozos: mantener una
tortuga en su fondo, resultaba una forma eficaz de contaminación.
          Ambrosio Ortega Paredes: *El agua, drama de México* (1955)

Quizá en el fondo estábamos tratando
de fingir que fingíamos
Pero dijimos la verdad
               Y en efecto
la vida
          no es la resonancia
               Es la piedra
que antes de dibujar los ecos en el agua
despierta círculos
de tembloroso moho en las parades

Y en la hondura del pozo
               cae sin fuerzas
en la mustia tortuga
               que arrojamos
como instrumento o talismán o conjuro
para purificar con sus devoraciones
el agua o la consciencia
               Sin darnos cuenta
de que nuestros ardides son las trampas
donde caemos invariablemente

— 132 —

Only blurred by its spray
and roaring foam   and an iciness
                                    spiced

with cold
            off the iceberg
that packs the heavens'
                        everlasting spaces
the cosmic night
                    that thawing
breeds
            the cataract   [G.McW.]

The well

The traditional method for purifying well water was to keep a tortoise in
one's well, which effectively resulted in its contamination.
                Ambrosio Ortega Paredes, *Water, Mexico's Drama* (1955)

Perhaps at bottom we were trying
to pretend we were only pretending
But we told the truth
                        And in effect
life
        is not the deep reverberation
                                        It is the stone
which, before drawing echoes from the water,
wakens circles
of trembling algae on the walls

And in the lower depth of the well
                                        powerlessly
it falls onto the musty tortoise
                                we threw in
like an instrument or talisman or spell
to purify the water
or our conscience with its gorgings
                                    Not realizing
that our darkest devices are traps
into which we invariably fall

— 133 —

Claro está:
                la tortuga
no limpia
                contamina
La piedra que cae a plomo nos engaña
Nunca sabremos la extensión del pozo
ni su profundidad
                ni el contenido
de sus emponzoñadas filtraciones

Los ojos de los peces

A la orilla del mar la curva arena
y una hilera de peces muertos

Como escudos después de la batalla

Sin vestigio de asfixia ni aparente
putrefacción

Joyas pulidas por el mar
sarcófagos
que encerraban su propia muerte

Había un rasgo
fantasmal
en aquellos peces

Ninguno tenía ojos

Doble oquedad en sus cabezas

Como si algo dijera que sus cuerpos
pueden ser de la tierra

Pero los ojos son del mar
Por ellos mira el mar

Y cuando muere el pez en la arena
los ojos se evaporan
y al reflujo

recobra el mar lo que le pertenece

It's clear:
        the tortoise
doesn't clean
           it contaminates
The stone that falls straight down deceives us
We will never know how far down the well goes
nor how deep the water
                nor taste the content
of its tainted filtrations   [G.McW.]

The eyes of the fish

Laid out along the shore   the curve of sand
and a row of dead fish

Like shields after a battle

Not a sign of asphyxia nor apparent
putrefaction

Jewels shining from the sea
sarcophagi
interring their own death

There was a ghostly
feature
to those fish

None had eyes

Double hollows in the head

Dried-out   as if something said their bodies
could be off the land

But their eyes are from the sea
They look seaward

And when the fish die in the sand
the eyes evaporate
Flowing back

the sea recovers its own   [G.McW.]

DESDE ENTONCES
[1975–1978]

Éste es el destino de los versos
Los escribí y debo mostrarlos a todos
No podría ser de otro modo.
La flor no puede ocultar su color . . .
Fernando Pessoa, *Alberto Caeiro* (Versión de Octavio Paz)

A la orilla del agua

La hormiguita que pasa
por la orilla del agua
parece
decir adiós al inclinar sus antenas

Qué voy a hacer si pienso en ti al observarla
Tan segura de su misión
tan hermosa

Siempre a punto de ahogarse
y siempre salvándose

Siempre diciendo adiós
a quien no ha de volver a verla

Lavandería

¿Dentro de poco no sabré quién soy
entre todos los muertos que llevo encima

Cambiamos siempre
de manera de ser y estar
como mudamos de camisa

Pero lo malo de esta insaciedad
es que nada nos lava del ayer
como se limpia la otra ropa sucia

Y vamos con un fardo de otros-yo
que nos pesa y nos hunde y sin embargo

SINCE THEN
[1975–1978]

This is the fate of these lines.
I wrote them and now must show them to everyone.
There could be no other course to follow.
The flower can't hide its color . . .

Fernando Pessoa, *Alberto Caeiro*

By the water side

The small ant that passes by
at the water's edge
     appears
to bid goodbye, tipping its antennae

What will I do, if I think of you, seeing it go
So sure of its mission
    so handsome

Always on the brink of sinking
always pulling itself ashore

Always bidding goodbye to one
who happens not to see her anymore   [G.McW.]

Laundromat

In a little while I won't know who I am
among all the dead selves I carry on my back

Like we were changing shirts
we put on
fresh ways of being and behaving

But the bad thing in this craving
is that nothing washes out the yesterday
like it cleans other dirty clothes

And we go about with bundles of other-I's
that weigh us down and drown us and nevertheless

no deja huellas en la oscuridad
ni sale a flote ya en ningún espejo

En resumidas cuentas

¿ En donde está lo que pasó
y que se hizo con tanta gente?

A medida que avanza el tiempo
vamos haciendo más desconocidos

De los amores no quedó
ni una señal en la arboleda

Y los amigos siempre se van
Son viajeros en los andenes

Aunque uno existe para los demás
(sin ellos es inexistente)

tan sólo cuenta con la soledad
para contarle todo y sacar cuentas

Cocteau se mira en el espejo

En el principio no existían los años
sólo un continuo inmemorable:
        la infancia

Mas tarde subrayaron su impermanencia
fueron hierba del campo
        olas   adioses
y llegué a acumular setenta

Y este rostros de vidrio
ahora es mi cara
en la luna del agrio espejo

Atrás en su otra cara sombría
en su mar de tinieblas
        bajo el azogue
me esperan impacientes mis otros muertes

have left no tracks behind them in the dark
or floated to the surface yet in any mirror   [G.McW.]

In short

Where is everything that came to pass?
Where did it take so many people?

Little by little as time moves on
to others we grow more unknown

Of all our loves no sign lingers long
in the empty grove

Friends forever up and move
They are the passengers on the quays

(without them we cannot be)
Though we exist for them alone

we alone can count on solitude
to recount all our tales to be told   [G.McW.]

Cocteau through the looking glass

In the beginning the years did not exist
only an immemorial continuum:
          infancy

Later underlining its impermanence
were the grasses of the field
          waves of the sea   goodbyes
and somehow I'd garnered seventy

And these features of glass
are now my face
in the moon of the bitter mirror

Behind   on the dark   the opposite side
beneath the quicksilver
          of its twilight seas
my other deaths wait restlessly   [G.McW.]

Acuarela

El aire sangre sobre la ciudad
Leve paloma que el halcón traspasa

No es todavía de noche
        y el cielo
cerrado está como en tormenta

        Reptiles
abandonan sus madrigueras
con el miedo feroz a cuestas

Pero no pasarán

Bosque de marzo

La flor acaba de nacer
La hoja vibra
de joventud en solidario follaje.

Nueva es la tierra
y es la misma de entonces.
Aquí tan sólo quien contempla envejece

Antiguos compañeros se reúnen

Ya somos todo aquello
contra lo que luchamos a los veinte años

Nocturno

La noche yace en el jardín.
La oscuridad silenciosamente respira.
Cae del agua una gota de tiempo.
Un día más se ha sepultado en mi cuerpo.

Homenaje

Con esta lluvia
el mundo natural

Watercolor

Weightless bird the falcon pierced in passing
    the air bleeds over the city

Not yet night
    and the sky
is drawn tight to as if for storm

A fierce fear streaming along their backs
    the lizards
abandon their nests

They too shall not pass   [G.McW.]

March wood

Just now the flower was born.
Joined into the foliage
    youth trembles through the leaf.

Now is the earth
and the same as then.
    Here he, who contemplates, grows old and so alone.
                         [G.McW.]

For old friends when they get together

        Now we are everything
        we fought against at twenty   [G.Mc.W.]

Nocturne

Night spreads through the garden.
Noiselessly, the darkness breathes.
From the water, a drop of time drips down.
Another day lies buried in my body.   [G.McW.]

Homage
With this rain
the natural world

penetra
en los desiertos de concreto

Escucha
su música veloz
Contrapunto de viento y agua

Única eternidad que sobrevive
esta
    lluvia
        no
            miente

Cabeza olmeca

Bloque o montaña
un solo rostro
un astro
caído
de una historia inescrutable

Selva
de la inmovilidad

Padre
de piedra

Vestigio de qué dios
decapitado

Lost generation

Otros dejaron a la "posteridad"
grandes hazañas o equivocaciones
    Nosotros
nada dejamos
Ni siquiera espuma

Fin de siglo

La sangre derramada clama venganza.
Y la venganza no puede engendrar

pierces
the deserts of concrete

Listen to
its fleeting music
Counterpoint of wind and water

The only eternity that survives
this
    rain
       does not
            deceive   [T.H.]

Olmec head

Block of stone or mountain
a solitary face
a star
fallen
from an inscrutable history

Forest
of immobility

Father
of stone

Vestige of what
beheaded god   [T.H.]

Lost generation

Others left to "posterity"
great deeds and mistakes
    We
leave nothing
Not even foam   [K.S.]

Fin de siècle

The spilt blood cries out for revenge.
And revenge can only beget

— 143 —

sino más sangre derramada.
      ¿Quién soy:
el guarda de mi hermano o aquel
      a quien adiestraron
para aceptar la muerte de los demás,
      no la propia muerte?
¿A nombre de qué puedo condenar a muerte
a otros por lo que son o piensan?
Pero ¿cómo dejar impunes
la tortura o el genocidio o el matar de hombre?
      No quiero nada para mí:
      sólo anhelo
      lo posible imposible:
      un mundo sin víctimas.
Cómo lograrlo no está en mi poder;
escapa a mi pequeñez, a mi pobre intento
de vaciar el mar de sangre que es nuestro siglo
con el cuenco trémulo de la mano.
Mientras escribo llega el crepúsculo.
Cerca de mí los gritos que no han cesado
      no me dejan cerrar los ojos.

Tradición

Aquí yacen tus pasos:
en el anonimato de las huellas

Del último Juan Ramón

A Ricardo Gullón

Desde su noche
      ve
no la otra sombra
sino su claridad

Brilla en el mar nocturno
      la sal del sol
      a solas

more spilt blood.
    Who am I:
my brother's keeper or he
    who was trained
to accept others' deaths,
    not his own?
In whose name can I condemn others
to death for what they are or think.
But, how can the torture and genocide
and starvation go unpunished?
    I want nothing for myself.
    I only long
    for the possible impossible:
    a world without victims.
But the power to have that escapes the smallness
of my grasp: my feeble attempt
to empty the sea of blood—this century—
with the trembling hollow of my hand.
While I write, the dusk is falling.
These cries nearby me will not cease
    and let me close my eyes.   [K.S.]

Tradition

Here, your steps stretch on
into these anonymous footprints   [G.McW.]

For the late Juan Ramón

For Ricardo Gullón

From his dark night now
    he sees
not that other shadow
but its clarity

In the nocturnal sea the salt crystals
    of the sun
    shine in solitude

agua adentro
en su materia misma inasible

En la honda arena
        cae lo muriente
pero lo vivo resplandece
        en la gota
a la que sólo puede interrogar
la mirada del pez profundo

        Circulaciones
de la vida transformándose siempre

Y en el abismo de su oscuridad
        no desciende
        Se alza
        sobre-viviente

        Animal de fondo
La noche al fin
        se vuelve transparencia deseante

Londres por Whistler

La ciudad irreal
se duplica irrealmente en el agua

Masas de sombras se desbordan
        El río
las lleva en vilo tembloroso

Como una fantasma en la otra orilla
        observas
luces difusas en la masa gris
de las bodegas y edificios

        La noche
también es gris
La oscuridad se disuelve

Arde la luna muy adentro del agua

through waters within
the same unreachable matter as him

Onto the sands of the deep
    the dying flicker down
but living things glitter
    in the drop
that only the glare of deep sea fish
    can investigate

    The flux of life
eternally transforming and transformed

And it does not sink into the trough
    of darkness
    It rises
    living on long after

    Animal of the deep
Night at last becomes
    a cherished transparency   [G.McW.]

Whistler's *London*

Unreal   in the water
the *unreal city* is duplicated

Stacked shadows overflow the wharves
    The river
bears them along on a quivering shaft of air

Like a ghost on the other bank
    you observe
blurred lights in the gray mass
of buildings and warehouses

    The night too
is gray
The darkness thinned out

The moon burns deep down in the water   [G.McW.]

Nombres

El planeta debió illamarse MAR
Es más agua que TIERRA

Representaciones

El día se queda inmóvil como un árbol. Se detiene el reloj. El ser de los objetos se perfila. Es como si se hubiera ido la luz y no obstante el mundo permaneciera visible. Habitaré el extrañamiento cuando todo se afianza en su quietud y el tiempo abre las puertas a la nada. Pero llega un sonido de cinceles contra la piedra. La hoja se mueve. El árbol extiende su inmovilidad y alcanza quietamente la otra orilla. El aire es luz y corre a velocidades inaudibles. ¿Qué es la verdad en esta representación solitaria?

Cocuyos

En mi niñez descubro los cucuyos.
(Sabré mucho más tarde que se llaman luciérnagas.)

La noche pululante del mar Caribe
me ofrece el mundo como maravilla
y me siento el primero que ve cocuyos.

¿A qué análogo lo desconocido?
Las llamo estrellas verdes a ras de tierra,
lámparas que se mueven, faros errantes,
hierba que al encenderse levanta el vuelo.

Cuánta soberbia en su naturaleza,
en la inocente fatuidad de su fuego.

Por la mañana indago: me presentan
ya casi muerto un triste escarabajo.

Insecto derrotado sin su esplendor,
el aura verde que le confiere la noche;
luz que no existe sin la oscuridad,
estrella herida en la prisión de una mano.

Names

This planet should have been called SEA
It is made more of water than EARTH   [K.S.]

Representations

Still as a tree the day stands. The clock halts. The whole being of ob-
jects is pressed into profile, as if the light had gone and stubbornly the
world stayed on, no less visible. I will dwell in that strangeness when
all things are allied to its stillness, and time opens its long doors to the
void. But the noise of chisels against stone reaches us. The leaf stirs.
The tree casts its immobility across and calmly reaches the other bank
of the river. Air is light and it runs at inaudible speeds. What truth has
come to rest in this solitary representation?

[G.McW.]

Glowworms

There, in my childhood, I discover glowworms.
(Much later on I will learn to call them fireflies.)

The quickened night of the Caribbean Sea
offers me its world as wonder
and I feel I am the first ever to watch them glow.

What analogy can I draw to these unknowns?
Low emerald stars I call them, level with the ground;
mobile lamps, wandering beacons,
grass that takes flight once set alight.

What sovereignty there is in its nature,
in the fatuous innocence of its fire.

In the morning light I ask for it, and almost out,
cold and dead now, they give me the sad beetle.

Ruined insect without its splendor—
the green aura that the night confers;
light that does not exist without darkness,
wounded star in the prison of a hand.   [G.McW.]

Microcosmos

Bosque de algas y hongos en el rostro de cada piedra. Galaxias invisibles al ojo humano en un milímetro de tierra. Mares poblados de zoologías insondables en la gota que tiembla sobre la hoja. Antigua idea de un macrouniverso donde nuestros planetas son moléculas. Para él nuestra historia y nuestro sufrimiento se vuelven tan importantes como para nosotros las guerras, plagas, invasiones y cataclismos que ocurren entre los infusorios.

El equilibrista

Entre las luces se perdió el abismo
So oye vibrar la cuerda

No hay red/sólo avidez/sólo aire
a la temperatura de la sangre

Suena el silencio
es invisible la luz
resbalosos milímetros acechan

Y la muerte
lo toma de la mano

Se deja conducir
pero la ve de frente
y ella baja la vista ye se retira

Sabe respetar
a quien no la desdeña ni la teme

El hombre al fin
llega al extremo opuesto

Su pavor
se desploma en el aire

La máquina de matar

La araña coloniza lo que abandonas. Alza su tienda o su palacio en tus ruinas. Lo que llamas polvo y tinieblas para la araña es un jardín

Microcosms

Forest of mosses and algae on the face of every stone. Galaxies invisible to the human eye on a millimeter of ground. In the droplet trembling at the leaf's end—seas populated with unfathomable zoologies. Ancient idea of a macro-universe in which our planets are molecules. To it our history and our suffering loom as large as the wars, plagues, invasions—those cataclysms that occur between infusoria—do to us.

[G.McW.]

The tightrope walker

The abyss was lost between the lights
Only the hum of the rope is heard

There is no net / only a greediness / of air
at the temperature of blood

In the hiss of silence
how invisible the light is
the slippery millimeters loom

And death
takes him by the hand

He lets her lead
but stares her in the face
and lowering her gaze she steps back

She learns to respect
those who don't disdain or fear her

The man reaches
the other end of his rope at last

His dread
uncoils into the air   [G.McW.]

The murder machine

Everything you abandon the spider colonizes. It sets up its shop or its palace in your ruins. What you call dust and twilight is all glittering

radiante. Gastándose, erige con la materia de su ser reinos que nada pueden contra la mano. Como los vegetales, crecen sus tejidos nocturnos: morada, ciudadela, campo de ejecuciones.

Cuando te abres paso entre lo que cediste a su dominio encuentras el fruto de su acecho: el cuerpo de un insecto, su cáscara suspendida en la red como una joya. La araña le sorbió la existencia y ofrece el despojo para atemorizar a sus vasallos. También los señores de horca y cuchillo exhibían en la plaza los restos del insumiso. Y los nuevos verdugos propagan al amanecer, en las calles o en las aguas envenenadas de un río, el cadáver deshecho de los torturados.

Nupcias

"¿De quién son estos ojos?"
Dicen como los niños los amantes
    Inmemoriales

Quieren *tener* para *ser* otros
    Dos en uno
    Olvidarse
De que nacieron separados
    Morirán separados
Y que sólo por un instante están juntos
    Paz en la guerra

Que nadie piense bajo aquellos minutos
No eres *mía*   No soy *tuyo*
    Nada nos pertenece
    No poseemos
Ni siquiera los nombres propios

Somos hormigas obedientes
    Todo el amor
    Todo el deseo
Apenas espejismos   sobornos
De la incesante procreación
    Engranajes
Bien programados para perpetuarse
    Peces

garden to the spider. Expending a thin strand of its raw self, it erects kingdoms that can't resist the touch of a hand. Lodging, citadel, executioner's yard—like vegetables its weavings flourish overnight.

When you clear a way through whatever you relinquished to its domain, you find the harvest of its ambush hanging there: an insect's body slung like a jewel in its net. The spider sucked out its existence and left the husk to thrall its vassals. The masters of the gibbet and ax also exhibited the remains of the disobedient. And at daybreak, into the streets or the fouled waters of the river, the new lords of the dungeon scatter the broken and bundled corpses of their tortured prisoners.

[G.McW.]

Nuptials

"Whose little eyes are these?"
Lovers say like children
        Immemorial

They wish to *have* and to hold *to be* others
        Two in one
        To forget
That they were born apart
        Will die asunder
And are only an instant together
        Peace in war

Let no one think in the midst of those minutes
        You are not *mine*   I am not *yours*
        Nothing belongs to us
Not even the names
        We own

We are obedient ants
        All love
        All desire
Little more than mirages   grist
For incessant procreation
        Gears
Well-oiled for self-perpetuation
        Fishes

— 153 —

Cardúmenes
Con el anzuelo de un segundo en las bocas
En sus cuerpos que son la carne del tiempo

Apunte del natural

Una rama de sauce sobrenada en el río. Pulida por la corriente se encamina hacia el ávido mar. Al tocar el follaje el viento impulsa la navegación. La rama entonces se estremece y prosigue. En sus hojas se anuda una serpiente. En sus escamas arden la luz del sol, los rastros de la lluvia. Rama y serpiente se enlazaron hasta construir una sola materia: piel es la madera y la lengua un retoño afilado, venenoso. La serpiente ya no florecerá en la selva intocable. El árbol no lanzará contra las aves sus colmillos narcóticos.

Ahora, vencidas, prueban la sal del mar en las aguas fluviales. Luego entran en el vórtice de espuma y llegan al Atlántico mientras la noche se propaga en el mundo. Serán por un momento isla, ola, marea. Unidas llegarán al fondo del oceano. Y allí renacerán en la arena inviolable.

Sáhara

El desierto es el fondo de un mar ausente. En vez de agua, peces, hellas de naufragio y formaciones de coral, sólo hay arena seca, tatuada y modelada por los vientos. *La mayor idea de masa que puede concebir nuestra mente es la pluralidad de sus granos de arena.* Unánimes se aprietan y se apartan, cambian de forma con la flexibilidad de la nube. Cada uno de ellos contiene en su interior otro desierto, compuesto a su vez de infinitos e invisibles átomos de arena. Las dunas son montañas de un día. Oponen a la fijeza la plasticidad, a la permanencia el movimiento. El desierto es el espejo de la muerte. La arena, el polvo en que todo habrá de convertirse, el sudario que envolverá los imperios. Memento de que lo empezado en agua terminará en la aridez de la arena, en el desierto ávido que por nuestra locura se está adueñando de la tierra entera.

Shoals
With these seconds hooked into their mouths
Into the body   the soft flesh of time   [G.McW.]

A rough sketch of nature

A willow branch floats by on the river. Licked slick by the current it travels toward the greedy seas. As it touches the foliage, the wind propels its passage. Then, the branch shudders and sails on. Between its green leaves a green snake lies coiled. On its scales glow the sunlight, the bright tracks of rain. Green snake and branch intertwined in one single substance: skin is wood and the tongue a twig, forked and poisonous. Now, in the unreachable jungle, the serpent shall not flower. The tree will not shoot out its narcotic fangs, stopping the birds in the air.

Overcome now, they taste the salt of the sea in the flood waters. Then they spin in the eddies of foam, and arrive at the Atlantic while night spreads over the world. Island, wave—they will be for one moment—tide, joined into the ocean and the deep, together. And there, in the untouchable sands, grow back to life again.

[G.McW.]

Sahara

The desert is the floor of an absent sea. Instead of water, fishes, the footprints of the castaway and coral formations, there is only dry sand, tattooed and modeled by the winds. *The greatest sense of mass that our minds can conceive lies in the multiplicity of its grains of sand.* Unanimously they gather together and drift apart, changing shape with the flexibility of cloud. Inside, each one of them contains another desert composed of the infinite and invisible atoms of sand. The dunes are mountains for a day. They oppose fixity with their plasticity, permanence with motion. The desert is a mirror of death. Winding sheet of sand that swaddles empires, the dust which everything becomes. Memento that everything beginning as water ends as sand: avid desert, driven by our madness, taking possession of the whole earth.

[G.McW.]

Graffiti

Madera y grafito se alían en el lápiz para inmolarse a medida que producen palabras, rasgos, números, líneas. El lápiz se gasta como quien lo maneja. Muere al dar vida a sus trazos y al segregarlos se prolonga en ellos, que también son efímeros (como el viento en la arena o la lluvia en el agua).

Por su lengua habla la naturaleza vencida. Árbol que acaban de talar, las mondaduras huelen a bosque. Para ser lápiz, a fuerza de ser lápiz, se despoja de las materias que sostienen su condición de lápiz. Incluye en potencia todas las posibilidades expresivas de la mente y la mano. Pero, inseguro, lleva su antítesis en el otro extremo: la goma. El signo de las cosas es gastarse. Lo que escribimos es tan provisional como lo que hace el lápiz.

Desde entonces

Hubo una edad (siglos atrás, nadie lo recuerda)
en que estuvimos juntos, meses enteros,
desde el amanecer hasta la medianoche.
Hablamos todo lo que había que hablar.
Hicimos todo lo que había que hacer.
    Nos llenamos
de plenitudes y fracasos.
    Y en poco tiempo
incineramos los contados días.
    Se hizo imposible
sobrevivir a lo que unidos fuimos.
Y desde entonces la eternidad
me dio un gastado vocabulario muy breve:
"ausencia", "olvido", "desamor", "lejanía".
Y nunca más, nunca más
    nunca, nunca.

Graffiti

Wood and graphite join in the pencil, sacrificing themselves in equal proportion to the strokes, words, numbers, and lines they make. The pencil wears away like the person handling it. It dies, doling out life to each of its succeeding traces, and in sending them off, lingers on in them. These too are ephemeral (like wind over sand or rain on the water).

Through its dark idiom, subjugated nature speaks. In the tree newly felled the shards reek of the woods. In order to be a pencil, precisely because it is a pencil, it must give up the whole substance that preserves its very nature as a pencil. Within its power it includes every expressive possibility of hand and mind. But insecure—for it has at the opposite end its antithesis: the eraser. The mark of all things is so—to be rubbed out. What we write is as temporary as these dark lines the pencil makes.

[G.McW.]

Since then

There was an age (nobody remembers, back then—centuries
ago) when we were together months on end,
dawn to deep midnight.
Talked on all there was to talk of;
did everything there was to do.
　　We had our fill
of abundances and failures.
　　And in a little while
those days were numbered, burned behind us.
　　It grew impossible to cling on,
as thick as the thieves we were.
And the lean eternity since then
gave me a vocabulary, gaunt but very brief:
"absence" and "dead-memory"; "disaffection," "distance."
And no more never, nevermore
　　never, never.

[G.McW.]

LOS TRABAJOS DEL MAR
[1978-1983]

Aquí terminan los trabajos del mar,
los trabajos del amor.
Aquellos que vivirán un día aquí donde acabamos,
si la oscura sangre se alza e inunda su memoria,
que no se olviden de nosotros,
almas sin fuerza entre los asfódelos.
Que vuelvan hacia el Erebo el rostro de las víctimas.
Nosotros no tenemos nada que enseñarles
sino la paz.

Giorgos Seferis, *Mythistorema* (**XXIV**)

El pulpo

Oscuro dios de las profundidades,
helecho, hongo, jacinto,
entre rocas que nadie ha visto, allí en el abismo,
donde al amanecer, contra la lumbre del sol,
baja la noche al fondo del mar y el pulpo le sorbe
con las ventosas de sus tentáculos tinta sombría.
Qué belleza nocturna su esplendor si navega
en lo mas penumbrosamente salobre del agua madre,
para él cristilina y dulce.
Pero en la playa que infestó la basura plástica
esa joya carnal del viscoso vértigo
parece un monstruo; y están matando
/ a garrotazos / al indefenso encallado.
Alguien lanzó un arpón y el pulpo respira muerte
por la segunda asfixia que constituye su herida.
De sus labios no mana sangre: brota la noche
y enluta el mar y desvanece la tierra,
muy lentamente mientras el pulpo se muere.

THE LABORS OF THE SEA
[1978–1983]

Here end the labors of the sea,
the labors of love.
Those who will live here one day when we have done,
if the dark blood rises and floods their memory,
let them not forget us
powerless souls among the asphodels.
Let the faces of the fallen be turned toward Erebus.
We have nothing to teach them,
but peace.

George Seferis, *Mythistorema* (XXIV)

The octopus

Dark god of the depths,
fern, toadstool, hyacinth,
between the unseen rocks, through the abyss there
in the dawn, against the currents of strong sunlight
night sinks to the sea floor, and from the cups of its tentacles
the octopus sips in black ink. So sweet and crystalline
that most penumbral brine of mother water
is to that midnight beauty, if it goes
tacking to and fro. But on the beach, littered
with plastic trash, this carnal jewel of viscous vertigo
trails like a long-limbed gorgon; and now with sticks
/ they're battering / that stranded udder.
Someone has hurled a harpoon, and the octopus sucks in death
through this fresh suffocation that constitutes its wound.
No blood wells from its lips; night bursts—
pitching the sea into mourning.
And through it slowly, sadly, as the octopus expires
the earth vanishes.   [G.McW.]

Peña en el mar

Cómo sufre la roca atada siempre
a su noria de espuma.
    El mar, el mar
inconsolable que la está batiendo
desde que la inventó con su materia.

Cuánto acarreo de furia y para qué
tanta inmovilidad como contraste de aquella
    fluidez de la fijeza.
    No pasarán,
    dice la tierra
perpetuamente a la avidez de las olas.

Veracruz 1955

De lejos llega la marejada gris en el aire.
Viento en la sal del mar, cuerpo a cuerpo,
    oscura batalla,
mientras el sol se mete en su ausencia.
Innumerable látigo las olas:
    cada una vive
de la muerte de la otra. Toma su fuerza
para diseminarla. No hay destrucción
come este sismo de agua.
    Débil la piedra
ante su fuerza ciega. Llueve la arena
    y en la casa el viento
entra por todas partes, levanta en vilo
la tierra que era firme. Y el mar reclama
cuanto le arrebatamos. Pide lo suyo.
    A las pocas horas
todo es del viento o se transforma en viento.
La costa vuela en el diluvio de olas.
Vibra la muerte. No hay quietud. No hay polvo.
Sólo ceniza el mar. Mortaja. Envuelve
    la masa terrenal.
    El huracán destruye
para que siga siendo mundo este mundo,

Sea stack

How the stack suffers, lashed forever
to its roaring bucket-wheel of foam.
    The sea, the ringing
inconsolable sea that has gone on pounding
ever since it shaped it from its own raw rock.

Such furious haulage, and for what—
so much rigidity against that
    fixed flow.
    They shall not pass,
    says the earth
repeatedly to the greedy, overflowing waves.   [G.McW.]

Veracruz 1955

From far out the gray gusts of surf land on air.
Body on gray body, the gale into the salt sea,
    a dim war waged
while the sun sets in its absence.
The countless whips of the waves:
    each one survives on the cracking
up of others. Plucks up its power,
lashing it apart again. No destruction equals
this water quake.
    Weak the stone
before its blind breaker. Sand rains
    through the house; wind creeps in
everywhere. What once was solid ground
lifts into the air. However much we scrimp
the sea plucks back—demanding its own.
    An hour or two
and everything is in the wind, or turned into wind.
The coastline flies on a deluge of beating waves.
Death pounds. The quiet dust no more. No ease.
Only the ash-gray sea. And raw wind—rough winding sheet
    of the world.
    The hurricane harrowing the ground
so the world can stay the world

la tierra dé su fruto más tarde,
el mar se resigne a ser,
una vez más, el poderoso vencido.

Inmortalidad del cangrejo

—¿En qué piensas?
—En nada, en la inmortalidad del cangrejo.

Anónimo, *Los mejicanos pintados por sí mismos* (1855)

Y de inmortalidades sólo creo
en la tuya, cangrejo amigo.
    Te aplastan,
te echan en agua hirviendo,
    inundan tu casa.
Pero la represión y la tortura
de nada sirven, de nada.

No tú, cangrejo ínfimo,
caparazón mortal de tu individuo, ser transitorio,
carne fugaz que en nuestros dientes se quiebra;
no tú sino tu especie eterna: los otros:
el cangrejo inmortal
                toma la playa.

El puerto

El mar que bulle en el calor de la noche,
el mar bituminoso que lleva adentro su cólera,
el mar sepulcro de las letrinas del puerto,
nunca mereció ser este charco que huele a ciénaga,
a hierros oxidados, a petróleo y a mierda,
lejos del mar abierto, el golfo, el oceano.
No hay olas en este lago encadenado, esta asfixia
cada vez más oscura en la noche que se ahoga
        pudriéndose.
No espejo sino el reverso de azogue, cara sombría.

Ya progresamos hacia el fin del mundo.

that the earth's fruit spills out of,
later. And for one more time the sea
is resigned to be the mighty, overthrown.   [G.McW.]

The immortality of the crab

—What are you thinking about?
—Nothing. On the immortality of the crab.
Anonymous, *Mexican Self-Portraits* (1855)

Of all the immortalities I believe in
only yours, friend crab.
        People break into your body,
plop you into boiling water,
        flush you out of house and home.
But torture and affliction
make no apparent end of you. No,

not you, poor despicable crab—
brief tenant in this mortal carapace
of your individuality; fleeting creature
of flesh that quails between our teeth, not you—
but the others of your vast species: infinite crab
        takes over the strand.   [G.McW.]

In port

the sea boils like a pot in the hot night:
the tar black sea, bearing raging choleras
inside it. The sea, sepulcher to the dockside privies,
never deserved to be this puddle, reeking
of rusted iron and bog, old turds and gasoline,
far from the Gulf, the open sea, the ocean.
There are no waves in this chained lake,
this ever murkier asphyxia in the rotting,
drowning night. No mirror, but its quicksilvered
reverse, the blacked-out face.

We step near, seeing in it the other world, already.
                                            [G.McW.]

Volver al mar

Sombra
de los acantilados en el mar
o mancha ondulante
de pez, de ave o de piedra.
Nada se mueve bajo el sol
si el mar
es la inmovilidad del movimiento.
Y desde que empezó a ser mar
y perdió su planeta
está insistiendo con las mismas olas
en su plegaria plañidera
que de repente se transforma en la furia
el tormento de la tormenta.

Este pedazo del inmenso mar
para mí es todo el mar
o como si lo fuera,
porque siempre regreso a verlo.
Y cuando pienso en mar
en mí forma esta imagen.
Quiero decir:
lo llevo tan dentro
que su rumor
es como el caudal de la sangre.
Y desde mi subjetividad deleznable
el mar se habrá cambiado en desierto
cuando ya no esté aquí
para mirarlo y amarlo;
cuando mi ceniza
arda por un instante en la espuma rota
y de nuevo sea
átomo de la nada o de la vida invencible
en la totalidad del océano unánime.

On going back to sea

A shadow
from the steep sea escarpments
    or the undulating stain
of a fish, or bird or stone.
    Nothing stirs under the sun
as if the sea
    is the stopped heart of all motion.
Ever since water became sea
    and lost the planet
with these same waves it has been appealing
    in a keening, wet-eyed orison
that switches octaves suddenly to rage,
    storm of the tormented.

    This reach of wide water
to me is the whole ocean
    or as if it were
because always I come back to look at it.
    And when I think of sea
this image forms.
    I carry it so deep inside
that its murmur
    I tell you
is like a property of my blood.
    And when I am no longer here
to look at and to love it
    the sea will have dried out into desert
—to this, the vantage of my brittle subjectivity—
    scattered with the spray
when my gray ashes light up for one moment
    and I am once more
an atom in the nothing or the life everlasting
    in the total sea of that undivided ocean.   [G.McW.]

A Circe, de uno de sus cerdos

Circe abrió las puertas de la porcilga y sacó a mis compañeros en figura de puercos de nueve años.

Odisea, rapsodia décima

De entre todas las bestias
que en mi cuerpo lucharon contra mi alma
acabó por triunfar el cerdo.

Circe, amor mío,
cuánta paz y serenidad al fin sabernos
nada más cerdos.
No ambicionar
la aprobación de nadie,
no suplicarle a nadie: entiéndeme,
tienes que comprenderme, soy falible, perdóname.

No hay embrujo tan grande como el placer
de revolcarnos en el lodo:
tú la hechicera, yo el cerdo.

Qué triste dicha ser uno más de tus cerdos.
Somos tu piara, la zahúrda es tu templo.

Disfruta, Circe, la pasión de tus cerdos.
Paga en amor la humillación de tus cerdos.

Perduración de la camelia

Bajo el añil del alba flota en su luz
la camelia recién abierta.
Blanco el no-aroma, blanco el resplandor,
la perfección de su belleza: espuma.
Nube que se posó en la rama un instante
para mirar el cielo desde aquí abajo,
acariciar la luz del sol, habitarla y ser
a los tres días de su nacimiento,
pétalos pardos que se desmoronan,
polvo que se hace tierra y de nuevo vida.

To Circe, from one of her pigs

Circe opened the gates to the pigsty and led out my companions in the shape of nine-year-old pigs.

The Odyssey, Book X

From among all the beasts
that battled in my body against my soul
the pink pig wound up conqueror.

Circe, sweetheart
what serenity and peace we learn at last
being little more than pigs.
Not to grunt and groan
after anyone's approbation;
to screech, beseeching no one. You must understand
how foul and fallible I am, and forgive me.

But there is no spell that can excel the thrill
of rolling hot haunches in the muck:
you, the hexer; me, the pig.

What sour bliss to be one more in your pen.
The pigsty is your temple, and we—your congregation.

Enjoy, Circe, the passion of your pigs.
Repay in love the stale groveling of your swine.   [G.McW.]

On the long life of the camelia

Under an indigo dawn, newly flowered,
   the camelia floats in its light.
White, the no-aroma; white, the radiance—
   the purities of its beauty—foam.
A cloud that perches for an instant on the branch
   to see the sky from here below,
to nestle in the sunlight, dwell therein, and be.
   Three days after partum
the gray petals greet decay—
   dust which springs to earth, then into life again.

                    [G.McW.]

— 167 —

Educación de primer grado con una incógnita

En el último río de la ciudad, por error
o incongruencia fantasmagórica, vi
de repente un pez casi muerto. Boqueaba
envenenado por el agua inmuda, letal
como el aire nuestro. Qué frenesí
      el de sus labios redondos
      el cero móvil de su boca.
      Tal vez la nada
      o la palabra inexpresable,
      la última voz
      de la naturaleza en el valle.
Para él no había salvación
sino escoger entre dos formas de asfixia.
Y no me deja en paz la doble agonía,
el suplicio del agua y su habitante.
      Su mirada doliente en mí,
      su voluntad de ser escuchado,
      su irrevocable sentencia.
Nunca sabré lo que intentaba decirme
el pez sin voz que sólo hablaba el idioma
omnipotente de nuestra madre la muerte.

Claro del bosque

A este claro del bosque acuden
      año tras año los ciervos
      para el apareamiento.
Nadie jamás ha visto la ceremonia sagrada.
      Si alguien
quisiera perturbarla de algún modo,
      el año entrante no habría ciervos.

      Aquí conocen el amor los ciervos.
      Aquí se reconocen los ciervos.
      Y luego se dispersan.
      No vuelven nunca
      a este claro del bosque.

A linear equation with this single unknown quantity

Incongruously, or by phantasmagoric error,
there, in the last river of the city, I saw
of a sudden a half-dead fish—all mouth-agape,
poisoned by the obscene water, lethal
as our air. What sick frenzy
    shaped those rounded lips,
    the mobile zero of its mouth.
    Perhaps the nothing
    or the inexpressible word,
    the ultimate voice
    of nature in the valley.
For it, there would be no sweet salvation,
only a choice between twin forms of asphyxia.
That double agony will not let me be,
the plea from the water and its occupant.
    Its doleful stare upon me,
    its will to be heard,
    its irrevocable sentence.
I shall never know what it wished to tell,
that voiceless fish, speaking only
with the omnipotent tongue of our mother death.

                                   [G.McW.]

The clearing in the forest

Year after year the deer come
    to mate
    at this clearing in the forest.
No one has ever seen the sacred ceremony.
    If someone
should disturb it in any way,
    the coming year would have no deer.

    Here the deer know love.
    Here the deer are awakened to each other.
    And then they scatter.
    Never to return
    to this clearing in the forest

Porque su más allá recibe el nombre de muerte
que para ellos significa jaurías,
rifles de alta potencia.

Muelle de Nueva Orleans

Éste es el río envolvente, éste es el Padre
de las Aguas y su sepulcro.
En su rueda giran sin pausa
el barro del principio y los desechos letales
que acabarán con el mundo.
Pero tal vez no porque el Misisipi
ha estado siempre y seguirá para siempre.

Al verlo transcurrir con ese aplomo
majestuoso y ensimismado y también muy triste
    dirías
que él engendró al planeta y aún es el magma
en donde bullen como agua y lodo formas de vida.

Desde esta orilla lo ves pasar en silencio.
Puedes tocarlo. Si escuchas
oirás como un suspiro muy hondo
que se difunde entre la bóveda de agua.

Ni un solo río ha usado nunca la palabra reposo.
Pero éste no sólo fluye, no sólo ilustra
el vuelo del tiempo, la única vuelta
de nuestras horas irrepetibles:
el Misisipi trabaja, el Misisipi desgasta
    el macizo continental.

Desde siempre está socavando
    la tierra firme.
Es el enemigo de adentro.
    Y un día
habrá acabado con todo lo que no es agua
    y también
acabará por imponer su ley de arena a los mares.

Because the life beyond takes on the name of death,
    which for them spells packs of hounds
    and high-powered rifles.   [E.U.]

Pier in New Orleans

This is the great winding river, this is the Father
of the Waters and his sepulcher.
Through his unhesitating wheel
churn the primordial mud and lethal sludges
that will turn the world to waste.
But not necessarily so. This Mississippi
has been here always and always will roll by.

Seeing it pass on, broody and glum,
with this majestic self-immersed aplomb,
    you would even say
it spawned the planet and is that magma
of muck and water where all life-forms boil.

From this bank you see it, ploughing silent.
You can touch it; if you listen,
hear it spread, like a bottomless sigh,
through the vault of open water.

No river has ever used the word repose.
But this one does not simply flow and illustrate
time's race; sole source for the pouring-back
of our unrepeatable hours:
the Mississippi works, the Mississippi wears
    the mass of a continent away.

Between the oceans there it has been, always undermining
    the dry land.
It is the enemy within.
    One day
it will have done with all that isn't water,
    then too its will shall be done,
imposing the law of sand on the seas.   [G.McW.]

El fantasma

Entre sedas ariscas deslizándose
—todo misterio, todo erizada suavidad
    acariciante—
el insondable, el desdeñoso fantasma,
tigre sin jaula porque no hay prisión
    capaz de atajar
esta soberanía, esta soberana soberbia,
    el gato adoptivo,
el gato exlumpen sin pedigrí (con prehistoria),
deja su harén y con elegancia suprema
se echa en la cama en donde yaces desnuda.

La granada

¿En qué sueña la carne
    de la granada
    allá adentro
de su corteza efímera?
    Quién sabe.
Desde aquí sólo puede especularse
    que piensa:
"Gozo de mi esplendor.
    No durarán
esta apretada simetría,
    esta húmeda
perfección que me constituye
    y me hace granada.
No otra fruta ni un árbol
    o una brizna de hierba.
Tampoco piedra, plomo o alondra.
    Seré putrefacción
    o bien, devorada
me haré sin duda carne de tu carne.
    En ambos casos
    (¿es necesario repetirlo?)
regresaré a la tierra en forma de polvo

The phantom

Between sulky sheets, gliding
—all mystery, all bristling suavity,
        caressingly—
the unfathomable, disdainful phantom,
tiger without cage because there are no bars
        fit to restrain
such sovereignty, this reigning dignity,
        the adopted stray, the ex-lumpen
cat without pedigree (with prehistory)
leaves his harem, and with supreme elegance
leaps up onto the bed on which your body yawns naked.

[G.McW.]

The pomegranate

What does the pap of the pomegranate
        dream of
        there inside
the ephemeral peel?
        Who knows.
From here we can only guess
        at what it ponders:
"Suck in all my delicious splendors.
        They will not last—
this damp perfection,
        these tight
symmetries I'm composed of
        that make me a pomegranate.
Not any other fruit or tree,
        nor blade of grass.
Or lark, or lead or stone.
        I will go rotten
        or else, be eaten,
made no doubt flesh of your flesh.
        In either case
        (does it require retelling?)
in the shape of dust I shall return to earth

y desde ese polvo
(tú no)
reconstruiré mi perfección de granada."

Una defensa del anonimato

(Carta a George B. Moore para negarle una entrevista)

No sé por qué escribimos, querido George.
Y a veces me pregunto por qué más tarde
    publicamos lo escrito.
Es decir, lanzamos
    una botella al mar, que está repleto
de basura y botellas con mensajes.
    Nunca sabremos
a quién mi adónde la arrojarán las mareas.
    Lo más probable
es que sucumba en la tempestad y el abismo,
    en la arena del fondo que es la muerte.

    Y sin embargo
no es tan inútil esta mueca de náufrago.
    Porque un domingo
me llama usted de Estes Park, Colorado.
    Me dice que ha leído cuanto está en la botella
(a través de los mares: nuestras dos lenguas).
    Y quiere hacerme una entrevista.
¿Cómo explicarle que jamás he dado
    una entrevista,
que mi ambición es ser leído y no "célebre",
    que importa el texto y no el autor del texto,
que descreo del circo literario?

    Luego recibo un telegrama inmenso
(cuánto se habrá gastado al enviarlo).
    No puedo contestarle ni dejarlo en silencio.
Y se me ocurren estos versos. No es un poema.
    No aspira al privilegio de la poesía
(no es voluntaria).

and from that dust
          (not you)
     be restored to my perfection as a pomegranate."
                                        [G.McW.]

In defense of anonymity

(Letter to George B. Moore, denying him an interview)

     I don't know why we write, dear George.
And at times I wonder why we publish
          what we've written later.
I mean, we throw
          a bottle into a sea filled
with garbage and bottles full of messages.
          We'll never know
to whom the seas will deliver it, nor where.
          What's most likely
is that it will succumb in the storm and the abyss,
          in the sand below that is death.

          And yet
this grimace of a man adrift isn't so useless.
          Because one Sunday
you phone me from Estes Park, Colorado.
          You say you've read everything in the bottle
(across the seas: our two languages).
          And you want to interview me.
How can I explain that I've never given
          an interview,
that my wish is to be read, not "famous,"
          that what is important is the text and not its author,
that I don't believe in the literary circus?

          Then I receive a long telegram
(how much must have been spent to send it).
          I can't answer and can't not answer.
And these lines come to me. It's not a poem.
          It doesn't aspire to the privilege of poetry
(it's involuntary).

Y voy a usar, como lo hacían los antiguos,
el verso de instrumento de todo aquello
        (relato, carta, drama, historia, manual agrícola)
que hoy decimos en prosa.

        Para empezar a *no* responderle diré:
No tengo nada que añadir a lo que está en mis
        poemas,
        no me interesa comentarlos, no me preocupa
(si alguno tengo) mi "lugar en la historia"
        (tarde o temprano a todos nos espera el
        naufragio).
Escribo y eso es todo. Escribo: doy la mitad del
        poema.
        Poesía no es signos negros en la página blanca.
Llamo poesía a ese lugar del encuentro
        con la experiencia ajena. El lector, la lectora
harán, o no, el poema que tan sólo he esbozado.

        No leemos a otros: *nos leemos* en ellos.
Me parece un milagro
        que alguien que desconozco pueda verse en mi
        espejo.
Si hay un mérito en esto—dijo Pessoa—
        corresponde a los versos, no al autor de los versos.
Si de casualidad es un gran poeta
        dejará cuatro o cinco poemas válidos
rodeados de fracasos y borradores.
        Sus opiniones personales
son de verdad muy poco interesantes.

        Extraño mundo el nuestro: cada día
le interesan más los poetas;
        la poesía cada vez menos.
El poeta dejó de ser la voz de su tribu,
        aquel que habla por quienes no hablan.
Se ha vuelto nada más otro *entertainer*.
        Sus borracheras, sus fornicaciones, su historia
        clínica,

And I'm going to use verse, as the ancients did,
as the instrument for
        (anecdote, letter, drama, story, agricultural manual)
all that we say in prose today.

        To begin *not* to answer you I will say:
I have nothing to add to what is in my
        poems,
        I'm not interested in discussing them, my
"place in history" (if I have one) doesn't concern me
        (sooner or later disaster
        awaits us all).
I write and that's it. I write. I provide half of the
        poem.
        Poetry isn't black signs on a white page.
I call poetry that place of the meeting
        with another's experience. The reader
will, or will not, fill out the poem I have only sketched.

        We don't read others: *we read ourselves* into them.
It seems a miracle to me
        that someone I don't know can see himself in my
        mirror.
"If there is merit in this," Pessoa said,
        "it belongs to the lines and not to their author."
If by chance he's a great poet,
        he will leave four or five worthwhile poems
surrounded by failures and discarded drafts.
        His personal opinions
are really of very little interest.

        Strange this world of ours: each day
it's interested more in poets
        and less in poetry.
The poet has ceased to be the voice of his tribe,
        he who speaks for the speechless.
He's become one more entertainer.
        His drunken bouts, fornications, his medical
        history,

sus alianzas e pleitos con los demás payasos del circo,
  o el trapecista o el domador de elefantes,
tienen asegurado el amplio público
  a quien ya no hace falta leer poemas.

  Sigo pensando
que es otra cosa la poesía:
  una forma de amor que sólo existe en silencio,
en un pacto secreto entre dos personas,
  de dos desconocidos casi siempre.
Acaso leyó usted que Juan Ramón Jiménez
  pensó hace medio siglo en editar una revista.
Iba a llamarse *Anonimato.*
  Publicaría textos, no *firmas,*
y se iba a hacer con *poemas,* no con *poetas.*
  Yo quisiera, como el maestro español,
que la poesía fuese anónima ya que es colectiva
  (a eso tienden mis versos y mis versiones).
Posiblemente usted me dará la razón.
  Usted que me ha leído y no me conoce.
No nos veremos nunca pero somos amigos.
  Si le gustaron mis versos
que más da que sean míos / de otros / de nadie.
  En realidad los poemas que leyó son de usted:
Usted, su autor, que los inventa al leerlos.

Postal de Berkeley para Jorge Guillén

(*En sus noventa años*)

  Sombrío el vasallaje de los topos
a la raíz que se hunde y se hunde
    para anclar
    la tierra;
  para que no se derrame
    sobre el vacío
en su girar incesante.

  Por la raíz la sombra asciende al árbol
y se vuelve hoja de luz en la rama.
    Así la poesía

his alliances or fights with the other clowns in the circus,
    or with the trapeze artist or elephant tamer,
have guaranteed him numerous fans
    who no longer need to read the poems.

    I keep thinking
that poetry is something else:
    a form of love that only exists in silence,
in a secret place between two people,
    almost always between two strangers.
Perhaps you've read that Juan Ramón Jiménez
    planned to put out a magazine fifty years ago.
It was going to be called *Anonymous.*
    He would publish texts, not *names*
and it would be made up of *poems,* not *poets.*
    Like the Spanish master, I want
poetry to be anonymous since it's collective
    (that's how my verses and versions are).
Possibly you'll say I'm right.
    You who've read me and don't know me.
We'll never see each other, but we're friends.
    If you liked my poems
what's the difference if they're mine / another's / no one's.
    In reality the poems you've read are yours:
You, their author, who invent them as you read them.   [L.S.]

A postcard for Jorge Guillén from Berkeley, California

(*In his ninetieth year*)

Shadowy the servitude of the mole
to the root, sunk deeper and deeper
    to anchor
    the earth;
so it cannot slip
    out into the void
in its incessant turning.

Through the root the shadow ascends the tree,
blooming as leaves of light on the branch.
    So Guillén's

de Guillén
toma su fuerza de lo más oscuro
y su alquimia y su regla de oro
nos dan
el material sombrío
que también por desgracia somos
convertido
en árbol de luz que nos regala frescura.

Gracias, Jorge Guillén, por iluminarlo,
por enseñarnos a mirar este mundo.

Malpaís

Malpaís: Terreno árido, desértico e ingrato; sin agua ni vegetación; por
lo común cubierto de lava.

Francisco J. Santamaria, *Diccionario de Mejicanismos*

Ayer el aire se limpió de pronto
y renacieron las montañas.
Siglos sin verlas. Demasiado tiempo
sin algo más que la conciencia de que allí están,
circundándonos.
Caravana de nieve el Iztacíhuatl.
Cúpula helada
o crisol de lava en la caverna del sueño,
nuestro Popocatépetl.

Esta fue la ciudad de las montañas.
Desde cualquier esquina se veían las montañas.
Tan visibles se hallaban que era muy raro
fijarse en ellas. Verdaderamente
nos dimos cuenta de que existían las montañas
cuando el polvo del lago muerto,
los desechos fabriles, la cruel ponzoña
de incesantes millones de vehículos,
la mierda en átomos
de muchos más millones de explotados,
bajaron el telón irrespirable
y ya no hubo montañas.
Contadas veces

poetry
draws its power from the darkest places,
and his philosopher's stone, his alchemy
    routes back
    the shadowy matter
—of which we are, by misfortune, part—
    transformed
into a tree of light which blesses with fresh air.

Thank you, Jorge Guillén, for lending it brightness,
for teaching us to see this world.   [G.McW.]

Badland

Badland: arid, desertlike, inhospitable land: without water or vegetation;
commonly covered by lava.
        Francisco J. Santamaria, *Dictionary of Mexicanisms*

Yesterday the air cleared suddenly
and the mountains were reborn.
Centuries without seeing them. Too long,
only knowing that they were there,
    surrounding us.
Iztacíhuatl—caravan of snow.
    Our Popocatépetl,
    frozen cupola
or crucible of lava in the cavern of a dream.

This was the city of mountains.
From any corner you could see mountains.
They were so visible you didn't
notice them. We only truly realized
the mountains existed when
the dust of the dead lake,
industrial wastes, the cruel toxin
from the incessant millions of vehicles,
    the shit in atoms
of the many more millions of the exploited,
brought down an unbreathable curtain
    and the mountains were no more.
    Seldom

se deja contemplar azul y enorme el Ajusco.
Aun reina sobre el valle pero lo están acabando
entre fraccionamientos, taladores y lo que es peor
    incendiarios.
    Por mucho tiempo
lo creímos invulnerable. Ahora sabemos
de nuestra inmensa capacidad destructiva.

Cuando no quede un árbol,
cuando todo sea asfalto y asfixia
o malpaís, terreno pedregoso sin vida,
esta será de neuvo la capital de la muerte.

En ese instante renacerán los volcanes.
Vendrá de lo alto el gran cortejo de lava.
El aire inerte se cubrirá de ceniza.
El mar de fuego lavará la ignominia
y en poco tiempo se hará de piedra.
Entre la roca brotará una planta.
Cuando florezca tal vez comience
la nueva vida en el desierto de muerte.

Allí estarán, eternamente invencibles,
astros de ira, soles de lava
indiferentes deidades,
centros de todo en su espantoso silencio,
ejes del mundo, los atroces volcanes.

Informe de Jonás

Intenté huir de Dios que me ordenaba
predicar contra Nínive, ciudad
de la rapiña, imperio rampante
    de las iniquidades.
Me embarqué rumbo a Tarsis. A medianoche
se desató la tempestad. Fui arrojado
    para aquietar las olas.

Me rodearon las aguas hasta el alma.
Las algas se enredaron en mi cabeza.

can you see the huge blue Ajusco.
It still reigns over the valley
but housing developments, wreckers, and what's worse
    incinerators
      are doing away with it.
      For a long time
we thought it invulnerable. Now we know
our immense destructive capacity.

When there is not one tree left,
when everything is asphalt or asphyxiation
or *badland,* stony lifeless ground,
this will once again be the capital of death.

In that instant the volcanoes will be born again.
The great cortege of lava will descend from above.
The inert air will be covered by ash.
The sea of fire will wash away the ignominy
and soon become stone.
A plant will sprout among the rocks.
When it blooms, perhaps in the desert
of death new life will begin.

Eternally invincible, there they will be fixed—
suns of lava, stars of rage,
impassive deities,
centers of everything in their frightening silence—
axes of the world, the horrible volcanoes.   [L.S.]

A report from Jonah

I tried to flee from God who kept calling on me
to preach against Nineveh, city
of robbery, empire rampant
    with iniquities.
I went on board, bound for Tarshish. At midnight
the tempest broke. I was tossed overboard
    to pacify the waves.

The waters compassed me about, even to the soul.
The weeds were wrapped about my head.

La tierra echó sobre mí sus cerrojos.
Y me tragó el gran pez finalmente.

En el temible vientre de la ballena encontré:
procesos digestivos, violencia pura, cardúmenes,
una teoría del estado moderno, una imagen
del desamparo humano, un retorno
al paraíso prenatal irrigado
por el fluir de la corriente sanguínea.

En mi habitada soledad tuve tiempo
para reflexionar en la esperanza: Algún día
nuestra vida ya no será, como la llamó Hobbes,
tan sólo *breve, brutal y siniestra.*

Perra en la tierra

La manada de perros sigue a la perra
por las calles inhabitables de México.
     Perros muy sucios,
     cojitrancos y tuertos,
     malheridos
y cubiertos de llagas supurantes.
     Condenados a muerte
y por lo pronto al hambre y la errancia.
     Algunos cargan
signos de antigua pertenencia a unos amos
que le perdieron o los expulsaron.
     Ya pocos pueden
     darse el lujo de un perro.

Y mientras alguien se decide a matarlos
     siguen los perros a la perra.
La huelen todos, se consultan, se excitan
     con su aroma de perra.
Le dan menudos y lascivos mordiscos.
     La montan
uno por uno en ordenada sucesión.

     No hay orgía
sino una ceremonia sagrada, inclusive

The earth with her bars was about me forever.
And finally the great fish swallowed me.

In the dreadful belly of the whale I found:
digestive processes, pure violence, schools of fish;
a theory on the modern state, an image
of human helplessness, a return
to the prenatal Paradise washed
by the bloodstream's flow.

And in the fullness of my solitude I had time
to reflect on the hope: some day
our life won't just be, as Hobbes called it,
only this *nasty, brutish and short.*   [E.U.]

Bitch on earth

The pack of dogs follows the bitch
through the uninhabitable streets of Mexico City.
    Filthy dogs,
    lame and one-eyed,
    badly hurt
and covered in suppurating sores.
    Condemned to die
but presently to hunger and to roam.
    Some bear
the scars from former owners
who lost them or kicked them out.
    Few now
    can afford a dog.

And while someone's deciding to kill them
    the dogs follow the bitch.
They all sniff her, discuss her, get excited
    by her bitch-smell.
They give her lascivious nibbles, many of them.
    They mount her
one by one in orderly succession.

    There's no orgy
rather a sacred ceremony, even

— 185 —

en estas condiciones más que hostiles:
los que se ríen,
los que apedrean a los fornicantes,
celosos
del placer que electriza las vulneradas pelambres
y de la llama seminal encendida
en la orgásmica entraña de la perra.

La perra-diosa,
la hembra eterna que lleva
en su ajetreado lomo las galaxias, el peso
del universo que se expande sin tregua.

Por un segundo ella es el centro de todo.
Es la materia que no cesa. Es el templo
de este placer sin posesión ni mañana
que durará mientras subsista este punto,
esta molécula de esplendor y miseria,
átomo errante
que llamamos la tierra.

¿Que tierra es esta?

(Homenaje a Juan Rulfo, con sus palabras)

Hemos venido caminando
desde el amanecer

Ladran los perros.

Grietas, arroyos secos.
Ni una sombra de árbol,
ni una semilla de árbol,
ni una raíz de nada.

Los cerros apagados y como muertos.

Aquí así son las cosas.
Por eso a nadie
le da por platicar.

Aquí no llueve.
A la gota caída

in these more than hostile conditions:
    those who laugh,
those who stone the fornicators,
    jealous
of the pleasure electrifying their mangy pelts
and of the seminal flame afire
in the orgasmic entrail of the bitch.

    The bitch goddess,
eternal female who carries the galaxies
on her wearied back, the weight
of the universe, swelling trucelessly.

For a second she is the center of everything.
She is everlasting matter. She is the temple
of this pleasure without possession or tomorrow
that will endure while this small dot subsists,
this molecule of splendor and misery,
    errant atom
    we call Earth.   [L.S.]

What country is this?

(Homage to Juan Rulfo, in his own words)

We have come,
walking since daybreak.

The dogs, barking.

    Over crevasses, dry riverbeds.
Neither seed, nor shadow
of a tree, nor the root
of any thing.

The peaks and high ranges quenched, as if extinct.

    Things here grow like that.
Into nothing much
for us to talk about.

Here we don't get rain.
Any drop

por equivocación
se la come la tierra
y la desaparece en su sed.

¿Quién haría este llano tan grande?
¿Para qué sirve este llano tan grande?

No hay conejos,
no hay pájaros,
no hay nada.

Tanta y tamaña tierra para nada.

Unos cuantos huizaches,
una que otra manchita de zacate
con hojas enroscadas.

Nos dieron esta costra de tepetate
para que la sembráramos.

Pero no hay agua.
Ni siquiera para hacer buches
tenemos agua.

Tierra como cantera que rechaza el arado.
Un blanco terregal endurecido
donde nada se mueve.

Ésta es la tierra que nos dieron:
sombra recalentada por el sol.

No es tiempo de hojas.
Tiempo seco y roñoso de espinas.
Polvo seco
como tamo de maíz que sube muy alto.

Seguimos buscando por todas partes
entre el rastrojo.
Muchas lamentaciones revueltas
con esperanzas.

Caminamos en medio de la noche
con los ojos aturdidos de sueño
y la idea ida.

fallen by mistake
the earth eats up.
It disappears into its thirst.

Who would want to make a plain this big?
What is a plain this big good for?

Not a bird,
not a rabbit,
not a thing.

Such a lot of land for nothing at all.

Some shocks of corn,
a patch or two of hay
with twisted stalks.

They gave us this matted sod
to sew.

But we have no water.
Not even enough water in our wells
to coax a crop.

Earth like a rock quarry that spits back the plough.
Hardened sod
nothing moves across.

This is the land they doled out to us,
shadow heated over by the sun.

It isn't the time of new leaf.
This is the dry, prickly time of thorns.
Dry dust
like corn chaff winnowed high.

All through the stubble
we search.
Our slim hopes and lamentations
scrambled.

We walk in the midnight,
our eyes stunned with sleep
and the lost idea.

El viento lleva y trae
    la tierra seca.

  En la hora desteñida,
cuando todo parece chamuscado,
      no aparecen las aguas.
    Nuestra milpa
comienza a marchitarse.

      Llueve muy poco.
      Le crecieron espinas
      a nuestra tierra.

Somos como terrones endurecidos.
Somos la viva imagen del desconsuelo.

      ¿Qué tierra es ésta?
      ¿En dónde estamos?
      Todos se van de aquí.
      No más se quedan
      los puros viejos,
      las mujeres solas.

      Aquí vivimos,
      Aquí dejamos nuestras vidas.
      Un lugar moribundo.

      Ya no se escucha
sino el silencio de las soledades.

      Y eso acaba con uno.

      Aquí no hay agua.
Aquí no hay más que piedras.
Aquí los muertos pesan más que los vivos.
      Lo aplastan a uno.

Allá lejos los cerros están todavía en sombras.

      Tiempo de la canícula
      cuando el aire de agosto
      sopla caliente.

Digan si oyen alguna señal de algo
o si ven luz en alguna parte.

The wind lifts and carries
the dry soil away.

In this discolored hour
when everything looks sizzled and black
with not a sign of rain,
our little plot
starts shriveling.

It rains a bit,
sprouting thorns
along the lanes.

We are hardened clods.
We are the live ikons of disaffection.

What land is this
we have come to?
Everybody goes away.
Only lonely women
and the old ones
stay.

Here we lived.
Here we set up our life.
In a dead and alive place.

Now we hear
only the hush of solitudes.

And that does for us.

Here we have no water.
Here we own only the stones.
Here the dead weigh down on us more than the living.
They wear us out.

There, far-off, the peaks are already in shadows.

Dog days
when the August air
blows hot.

Let us know if you hear tell of signs
or if you see a light some place.

Si hay olor de paz y de alfalfa,
como olor de miel derramada.

Digan si ven la tierra que merecemos.
    Si contra nuestras penas
    hay esperanza.

La "Y"

En los muros ruinosos de la capilla
florece el musgo pero no tanto
como las inscripciones: la selva
de iniciales talladas a navaja en la piedra
que, unida al tiempo, las devora y confunde.

Letras borrosas, torpes, contrahechas.
A veces desahogos e insultos.
Pero invariablemente
las misteriosas iniciales unidas
por la "Y" griega:
manos que acercan,
piernas que se entrelazan, la conjunción
copulativa, acaso vestigio
de cópulas que fueron, o no se consumaron.
Cómo saberlo.

Porque la "Y" del encuentro también simboliza
los caminos que se bifurcan: E.G.
encontró a F.D. Y se amaron.
¿Fueron "felices para siempre"?
Claro que no, tampoco importa demasiado.

Insisto: se amaron
una semana, un año o media siglo,
y al fin
la vida los desunió o los separó la muerte
(una de dos sin otra alternativa).

Dure una noche o siete lustros, ningún amor
termina felizmente (se sabe).

If there is any smell of peace, or alfalfa
like a field of spilled honey.

Tell us if you see the country we deserve,
    if there is any hope
      to set against our pains.

The Greek "Y"

On the ruined chapel walls
moss flourishes, but not as lushly
as inscriptions: the jungles
of initials carved with penknives into stone
that grow, mating with time, thatched over and confused.

Scrawled letters, awkward and malformed.
At times insults and outpourings.
But invariably
the mysterious initials joined
by the Greek "Y" (that copulative
conjunction) : like hands joined at the wrists,
like legs locked together, traces
perhaps of couplings
that were, or were not consummated.
How can anybody tell?

Because the "Y" of the encounter also symbolizes
paths that fork: E.G.
met F.D. & they loved each other.
Were they "happy ever after"?
Obviously not, nor does it matter much.

I maintain: they loved
a week, a year, a half-century,
but at last
life undid the join, or death split them apart
(one out of two with no other alternative).

One night or seven moons, no love life
ends happily (so we learn).

Pero aun la separación
no prevalecerá contra lo que juntos tuvieron:

Aunque M.A. haya perdido a T.H.
y P. se quede sin N.,
hubo el amor y ardió un instante y dejó
su humilde huella, aquí entre el musgo
en este libro de piedra.

But even separation
won't prevail against what they had together.

Although M.A. may have lost T.H.
and P. lies alone without N.,
there was love and it burned for a little and left
its humble imprint, here between the moss
and this book of stone.   [G.McW.]

NOTES

Pages 6 & 7.   The *kasida* is a traditional form of Arabic poem in celebration of the dawn.

Pages 26 & 27.   *Luis Cernuda* was born in Seville. One of his earliest books of poetry is called *Perfil del aire* (*The Profile of Air*), Malaga, 1927.

Pages 32 & 33.   The *serpent* and the *eagle* are the heraldic beasts clearly displayed on the Mexican coat-of-arms.

Pages 48 & 49.   *Rubén Darío* (1867–1916) has come to be regarded as Nicaragua's most outstanding poet and pivotal force in the "modernist" movement. He traveled extensively in Latin America and Europe, bringing in fresh influences to Nicaragua, and in turn he was the first modern Latin American poet to affect Spanish poetry and transform it, as Sor Juana Inés de la Cruz had in the seventeenth century, with powerful intelligence and intricate harmony.

Pages 52 & 53.   *"el Cisne de ambar y nieve"* (*"The Swan of amber and snow"*) is a reference to one of Darío's menagerie of delicately contrived creatures. The most famous is the princess in "Sonatina"—"whose strawberry red mouth has lost its smile and issued a sigh." Another is "Echo"—"naked and divine, / like a diamond in the water."

Pages 58 & 59.   *Jorge Manrique* (1440?–1479?) composed the most sublime elegies in the Spanish poetry of his time.

Pages 58 & 59.   *Ramón López Velarde* (1888–1921). With Velarde Mexican poetry turned from the preciousness of "modernism" and admitted colloquial language. His books include *La sangre devota* (1916), *Zozobra* (1919), and *El son del corazón* (1932).

  "un clima de ala de mosca" (*"the clime of a fly's wing"*). There is some controversy over the inference here. Recent opinion has it that Velarde was referring to the sheer material used for making the front panel of a woman's bodice.

Pages 60 & 61.   *El Ajusco* is the hump-backed mountain that can be seen clearly from the district near Calle Amsterdam and Parque España where José Emilio Pacheco grew up and where he still lives.

Pages 92 & 93; 96 & 97.   *Tacubaya; Parque España*. The first is a district in Mexico City. Its name now graces a Metro station. Like Parque España it was in its prime of beauty during the twenties and thirties.

Pages 98 & 99.   *Montes de Oca,* the irrealist poet, was born in Mexico City, 1932. His *Heart of the Flute,* translated by Laura Villaseñor, is available from Ohio University Press.

Pages 102 & 103. *Hexachlorophene* was to all intents and purposes eliminated in 1973, and "may now be considered an extinct poison" (J.E.P.).

Teotihuacán is well-known to travelers in Mexico. It is the ancient Toltec religious and cultural center close to the present capital. Its best-known features are the pyramids of the sun and the moon.

Pages 104 & 105. *Cesar Vallejo* (1867–1916) is the most important of the Peruvian poets. Like Darío, the extreme innovativeness of his poetry was reviled for most of his lifetime and recognition of his stature came too late. Another poem, "Birds in the Night" from *Irás y no volverás*, deals with Vallejo's isolation.

Pages 108 & 109. *Chapultepec* is the park and palace at the end of the Avenida de Reforma in Mexico City.

Pages 118 & 119. *Tlatoani* means "speaker" and was the title given to members of the High Council of the Aztecs.

Pages 120 & 121. *Tulum* is a stone fortification extending for the distance of one kilometer along one of its sides. It is found in the province of Quintana Roo, a stronghold of rebel tribes. They are reputed to have been its builders.

Pages 122 & 123. *Francisco de Terrazas* (1525?–1600?) was the son of a conquistador and esteemed as a "most excellent poet in the Tuscan, Latin, and Castilian tongues." The sonnet referred to is one of nine still extant.

Pages 128 & 129. *Sor Juana Inés de la Cruz* (Juana de Asbaje, 1651–1695) was born in San Miguel Nepantla, but Ameca-Ameca also claims her. She served in the court of the Viceroy before entering the Carmelite order at the age of sixteen. She died of the plague in Mexico City. Besides her inspired poetry she wrote plays and several works in prose. She is the subject of an extensive study by Octavio Paz, *Sor Juana Inés de la Cruz o Las Trampas de la Fe* (Fondo de Cultura Economica, 1983).

Pages 136 & 137. *Fernando Pessoa* had a reputation for shy austerity in his character and his verse. The Portuguese poet has been translated into Spanish by Octavio Paz. An English version is available from The Swallow Press with an introduction by Octavio Paz and translations by Edwin Honig.

Pages 144 & 145. The *Juan Ramón* referred to here is Juan Ramón Jimenez, the Spanish poet. Further reference is made to the great Nobel laureate in "Defenso del anonimato" (In Defence of Anonymity), *Trabajos del mar*.

Pages 168 & 179. *el último rio* ("*the last river*") : this reference is a literal one. When the last river flowing through Mexico City was filled in, it sealed off the complex of waters and canals that made up the old capital.

Pages 178 & 179. *Jorge Guillén*, the Spanish poet, was born in Valladolid in 1893. He was a lecturer at the Sorbonne, Oxford, McGill University,

Montreal, and Wellesley College, Massachusetts. His poetry is as limpid as the Valladolid accent, famed for the purity of its Spanish.

Pages 186 & 187. *Juan Rulfo*, the Mexican novelist, is best known for *Pedro Páramo. Llano en llamas* (*"The Burning Plain"*) is the relevant book here. The latter is made up of short pieces ranging from brief anecdotes to dramatic "happenings." They use deceptively elemental language and narrative technique.

Pages 192 & 193. *The Greek "Y."* The letter "y" is the Spanish word for "and."

INDEX OF TITLES

Spanish titles

English titles

New Directions Paperbooks—A Partial Listing

For complete listing request free catalog from
New Directons, 80 Eighth Avenue, New York 10011   † Bilingual

For complete listing request free catalog from
New Directons, 80 Eighth Avenue, New York 10011   † Bilingual

Printed in the United States
99609LV00004B/175-198/A

9 780811 210225